霊耳がとらえた
高級霊界のみちびき

未知
MICHI
BIKI
日記

――慈音師

佐々木弘明
宮﨑貞行
［編著］

ヒカルランド

伊東慈音師（明治11年—昭和28年）

はじめに

宮崎貞行

明治から大正にかけて類《たぐい》まれな箏曲《そうきょく》の名人と呼ばれた人物がいました。その名は伊東中光。彼は、岩崎弥太郎や大隈重信などの主催した音楽会において駐日の大公使たちに腕前を披露し、絶賛を博したそうです。それは絶妙な技巧を超えて、東洋音楽の秘曲の真髄に迫るものであったといわれています。

ところが、昭和に入ってから、彼の関心は箏曲を離れ、霊的な修行に向かい、十数年に及ぶ厳しい神仙道の行を経て遂に高級霊界の伝言を聞き取る霊耳を与えられるようになりました。それには、信仰心の篤かった母親の陰ながらの支援もあったようですが、それ以上に箏曲の修練の結果として感性が異常に磨かれ、霊界の消息に共鳴する素地が磨かれていたものと思われます。彼は全盲でしたから、むしろ現世の視界に邪魔されずに見えない世界に集中できたのでしょう。やがて、伊東中光は霊界の高級指導霊から「慈音」という道名を与えられることになります。

古来、和琴は巫女を神がかりに誘導するための道具として用いられていました。『日本書紀』によれば、神功皇后が神託を受ける際に仲哀天皇が和琴をかきならし、武内宿禰《すくね》が審神《さにわ》を担当していました。神がかりの場合は、巫女は意識を失った状態で神託を授かるのですが、これと対照的に、慈音が霊界からメッセージを受けとる場合は、日常の意識を失うことなく、重ね合わせて同時に指導霊からの伝言を拝受していたのでした。肉耳と霊耳の両方が同時に開いていたのです。

慈音師は、琴を演奏しているときだけでなく、小規模の集会で弟子たちと話をしているときも同時に指導霊の声を聴くことができました。その声に従って弟子たちの困りごと相談にも応じていました。得意とした易占《えきせん》を行うときも、同時に指導霊の声が降りてきていたのです。

指導霊は、降りてくるときそれぞれにミキョウ貴尊、セイキョウ貴尊、円海大師等と名乗っていました。指導霊たちは、太古の日本に住んでいた神人であったようですが、転生を繰り返しているうちにどうやら道教や仏教も学び、奥義を極めて十四段階ある人間界を監督する高級霊へと昇華したようです。おそらく慈音師は、前世においてこれらの指導霊と交流していた時期があったものと思われます。本書を一読されるとわかりますが、今生で初めて出会ったとは思えないほど親密に指導霊たちと交際している様子が窺えるのです。

伊東慈音師は、昭和期に人生の意味を求めて修行したいと志す少数の弟子たちに、降りてきた指導霊の声を伝えていましたが、敗戦の色濃くなった昭和十九年頃よりこれを記録しておこうと執筆を始めました。日本が戦争に敗れた後、東西両陣営の厳しい対立が生まれることを予見していた慈音師は、道に迷う戦後の日本人へのメッセージを書き残しておきたいと思ったのです。

戦後、弟子たちはそれを十二巻にまとめて『未知日記《みちびき》』というタイトルで出版しました。今では絶版となり、これを手に入れるのも困難ですが、この希覯本《きこう》にほれ込んだ一人の青年が二年前に私の目の前に出現しました。東京大学経済学部に所属する佐々木弘明氏です。私はふとした機縁で佐々木氏に巡り合い、『未知日記』の存在を知ることとなりましたが、氏はこの難解な本を分かりやすくまとめ、広く江湖《こうこ》に紹介したいという希望を持っていました。『未知日記』を拝見してその深い洞察に驚いた私は、彼の熱意に促され、喜んで編集に協力することになったのでした。

『未知日記』は漢語の多い文語体で書かれていましたので、これを平易な現代語に翻案し、重複する記述は項目別にまとめて再編集することにしました。内容は、目次をご覧になればわかるように、静座の工夫をすること、自問自答を徹底すること、生死を超えることなど多岐多層にわたっています。これは、一宗一派に偏した宗教書ではなく、宗派を超えて自己観照と浄化に導く効果的な手法であると確信しています。

とはいっても、私は心魂霊の修養と浄化を無理に奨励しているわけではありません。まずは、本書を通じて、高級霊界の一端を垣間見て、「世俗を超えたこんな不思議な世界があるのか」と気づき、楽しんでいただければそれでよいと思います。もとより、そこから一歩抜け出て、じっくり脚下を照顧するための座右の書として活用し実践する読者が現れるなら、これに勝る喜びはありません。霊界におられる慈音師もことのほか嬉しく思われ、温かく見守ってくださることと信じています。

目次

第二章　基本の行法

第三章　自然の法則とは何か

第八章　人間のもつ三気（心・魂・霊）の区分とは

カバーデザイン　吉原遠藤（デザイン軒）
本文仮名書体　文麗仮名（キャップス）

未知日記本編

まえがき（編者の佐々木弘明より）

・未知日記の構成について

これから、未知日記本編の内容に入るのですが、ここでお読みになる前に知っておかれると役立つであろう事項を、いくつか記そうと思います。

まず、未知日記の書籍としての構成について述べますと、**本編が全部で十二巻構成**であり、加えて**別巻が一冊**あります。本編には、伊東慈音師に感応して導いた四人の貴尊方による講義が収録されております。一部を除き、全文のほとんどが文語体で記されており、現代人には少し難しいのですが、同時に格調高い印象を受けるものです。

本来ならば、原文の文語体のままでご紹介した方が、教えの内容がより際立つのですが、本書は未知日記の「手引書」のような位置づけですので、読むのが容易である現代語訳を施して、ご紹介することにいたしました。

また別巻は、慈音師の取り次ぐ貴尊方の教えの勉強会であった「こだま会」の講演録であります。こちらは慈音師が執筆されたものではなく、当時会員であり、教えを直に聴いていた音楽家の坂本通博氏のメモを書籍化したものです。おもに円海大師や泰岳大師[1]のお話が口語体で記されており、こちらも非常に勉強になります。

こう申しますと、ではそちらの方が分かりやすくて良いではないか、なぜそちらを紹介しないのか、というお声が聞こえてきそうです。確かにその通りなのですが、未知日記の内容としてはあくまでも本編がメインであり、こだま会での大師方の講演は補足という位置づけなのです。ですから本書では、本編十二巻からの抜粋を優先して行いました。

・未知日記の講義を行った貴尊方について

慈音師に天界から講義した四人の貴尊方がいかなる方なのかについては、慈音師の評伝（付録の「伊東慈音の生涯」）において記しましたが、こちらでも簡単にご紹介をいたします。なお、以下で〇〇貴尊という名称が出てきますが、これは、天界における職位を表すため、その天人の固有名詞（姓名）というわけではありません。

まずは、**ミキョウ貴尊**について。この位にあった天人が、四人のなかで最初に慈音師に感応し、指導なさいました。その後、昭和二十一（一九四六）年に職位の異動があり、この方は「**セイキョウ貴尊**」という位に進まれました。その際に、ミキョウ貴尊の位に誰が代わりに就任したかというと、慈音師と生前に交流のあった、行者の**円海大師**です。チベットの深山にて昇天の行を成就され、肉体を脱し、ミキョウの位に引き上げられたといいます。この職位異動の詳細につきましては、付録の慈音評伝にて記しております。

本書においては、第四章までに登場しているミキョウ貴尊は、**セイキョウ貴尊と同一の天人**であり、第七章以降に登場しているミキョウ貴尊は、**もと円海大師**ということになります。つまり、同じ「ミキョウ貴尊」でも、異なる二人の天人を指していることになりまして、この点は少し複雑ですので、本文に注釈を加えています。適宜ご参照くださいませ。

セイキョウ貴尊については先に述べました通り、慈音師を最初に指導した天人が、昭和二十一年にセイキョウの位に就かれたのであります。この方はその昔、仏教伝来以前の日本に生を享《う》けたという過去をお持ちです。

1　かつて日本で行じられた行者の方々である。円海大師は、慈音師と面会したことがある行者で、昭和二十一年まで肉体を有されていた。また泰岳大師は、円海大師の門兄である。この方々の詳細については、第四章、ならびに慈音評伝をご参照ください。

続いて**テッシン貴尊**ですが、この貴尊についてはほぼ情報がなく、「二流界の下部にお生まれになり、現在は一流界監督の任にあたっている」とのみ記載されています。未知日記では、肉体を持つ人間の世界を智慧の程度に応じて**十四の段階**に分類しており、**地球は十流界**とされています。貴尊方によると、わずか一段上の九流界でも、地球界とは格段の相違があるようで、あらゆる自然災害を予知、予防する備わりがあり、また生活苦というものも皆無だそうです。地球界の人間から見るとまるで極楽のように感じますが、その住人も自らの智慧を高めるべく努力しているということです。

九流界でもそれほど違うのですから、二流界、一流界などは、途方もないおとぎ話の世界になってしまいます。貴尊方も、地球人類の程度を考えて、あまり多くは説明されておりません。智慧の程度の差が大きすぎて、あまり参考にもならないからでしょう。テッシン貴尊は、その二流界にお生まれになり、その後、肉体を脱して修養を積み、一流界を監督する任務を担当しているということになります。

最後に、**教主寛大**について述べますと、「全宇宙を指導する任務」を遂行されていると記されています。ですから、他の貴尊方も威儀を正して教主から教えを受けるようですし、また地上の行者が最後の昇天の行を行う際、その考査をも担当されているようです。もはや想像もつかない内容ですのであまり深入りはせぬことにして、以上で貴尊方の説明を終えたいと思います。

・慈音師の講義受信法について

貴尊方のご紹介をしましたので、次は慈音師が貴尊方の講義をどのように聴き取ったのかに触れておきましょう。一般に霊言集のようなものは、「神懸り」となった筆者が忘我の状態で書いたものが多く見られますが、慈音師は忘我の境で執筆されたのではありません。

貴尊方の説明によると、**ラジオのセットと同様の原理**であり、例えばミキョウ貴尊は天界での自らの任務をこなしながら、慈音師に対して講義の電波を送り、それを慈音師が感受して聴き取ったということであります。その際、**慈音師の意識はしっかりとある状態**なのです。

また、この原理から考えると、魂の程度が向上して人間側の受信の精度がアップしたならば、**慈音師でなくとも講義を聴き取ることができる**ということになります。セイキョウ貴尊も、慈音師を特殊な人間として考えるな、として次のようにおっしゃっています。

「我等は慈音のみに語り居るにあらず。幾千万人の人間に対して、慈音に語り居ると同様の事を教へ居るなり。(中略)

慈音は特殊の者にあらず。学者には学者としての道を知らしめ、宗教者には宗教者としての道を知らしめ居るなり」

学者には学者の道、宗教者には宗教者の道を知らせておられるとのことですが、貴尊によると、彼らの多くは、「己の智慧」で物事が分かったように思い違いをして、その誤解からかえってわざわいを引き起こす場合が多い、とのことです。しかし慈音師は貴尊方の教えに何ら手を加えず、そのままに伝えているために、自分たち（貴尊方）が慈音師にのみ働きかけているように見えるのだ、と説明されています。

実際、慈音師の側近であった衛藤欣氏も、次第に貴尊方の講義を聴取することができるようになったと未知日記には記されています。修養を志す人にとっては、希望のもてる話ではないでしょうか。

未知日記

第一章　行ずる心構え

一　正しき道を修めよ

道というものは「歩む」ものです。道を「行く」と考えてはなりません。「行く」と思うのも、「帰る」と思うのも迷いです。古人は「不去不来[2]（去らず来たらず）」と教えていましたね。こういうと、皆さんは「難解な話だな」と思うかもしれませんが、難しく考える必要はありません。

自分はどこから来たのかを知ったなら、帰るところもわかるはずです。しかし、皆さんは自分がどこから来たのか知っていますか。それを知らずにどこに「行く」というのでしょう。

2　大乗仏教における最古級の般若経典、『八千頌般若経《はっせんじゅはんにゃきょう》』において登場する概念である。

皆さんは、始めから神の力で授けられたのではないですか。始めから神の家に住みながら、どこに「行く」というのでしょう。

このように説くと、皆さんは正しい道とは神の作られた道のことだと悟るでしょう。このことを悟ったなら、道を「歩む」ことの意味も自ずと理解できるはずです。

神の道は行くも帰るもありません。ただ「歩む」こと、すなわち道を「修める」ということなのです。人の作る道は一長一短いろいろありますが、神の力で作られた道は永遠不変のもので、ただ一筋の道です。足を働かせて歩めば、必ず達するのですよ。

今、皆さんは果てしない砂漠にいるとしましょう。草木はなく、ラクダの足跡も見えず、空は曇っていて、夜も月星の影も見えないので全く方角が分かりません。磁石も持っていません。こんな場合に、皆さんはどう行動しますか。空が晴れるまで、その場で横になって待っていますか。でも、危機は刻一刻と迫ってきています。どうすればよいのか、途方に暮れてしまいます。この時、**あなたの親（ミオヤ）**[3]なら、こう言うに違いありません。

「我が子よ、歩むんだ。方角を決めなくてもよい。歩みは決して無駄にならないよ。踏んだ足跡は残るから、後から来る者にとって導きのしるしとなるはずだよ」と。

一歩一歩大切に踏んでいけば、足跡は必ず残るのです。

人間は肉体を持っているので、何事を見聞するにあたっても、肉体を中心として考える傾向があります。それにより、物事の真相を完全に把握することができないでいます。

出家という言葉を取り上げてみましょう。これは、家を出て寺に入るという意味ではありません。それは寺入りです。**出家とは、肉体の家を出るということ**ですね。肉体本位から出て霊本位に入ることなのです。

肉体を出るとは、心身を分離せよという意味ではありません。皆さんの肉体は、いうまでもなく地球の重力にひかれており、心は空間にひかれていますが、やがて分離する時期がきます。私が言っているのは、死ねというのではなく、ただ出家しなさいと皆さんに勧めているだけなのです。

子供が川に落ちたとき、母は自分が溺れることも顧みず、水中に飛び込んでいくことでしょう。これは、わが身を捨てた一例ですが、無分別な捨て方です。自分の家だからといって勝手に捨ててよいというのではありません。地球上には百億の人がいたとするならば、皆さんの家

3　魂の親、との意。原文では「親」としか記載されていないが、肉親と区別するため、「ミオヤ」と表記している。編者のお節介で変更したものであり、未知日記は浄土門関連の書籍ではありません。その点ご留意いただければ幸いです。

（肉体）にも百億の同居人がいるのではないですか。無分別に捨ててはなりません。また、無知な人であっても、わが身を少しも顧みず、他のために尽くす人がいますね。これらの人は、出家した人の一部といえます。

私が皆さんに説くところは、なり難きことをなせよと言うのではありません。**なせば必ずなし得ることを教えるのです。**行いは考えることなく行うのがよろしい。思案に耽れば光陰は容赦なく進みます。

道は数多《あまた》あるゆえに人は迷います。人の作った道は中途にて迷いを生じます。しかし神の力にて作られた道は遠く見えても近く、苦しく思われても苦しいものではないのです。

二　平心と鏡心を保て

平心（ものに動じない心）と**鏡心（澄み切った心）**を常に保持できるようになれば、人の心と感応する道がひらけます。そればかりか、人と争うこともなくなり、さらに進んで人と融和するようになれば、これ以上の幸福はありませんね。ですから、皆さんは自分なりに工夫して、平心へ、さらに鏡心へと一歩一歩進んでください。

私は、ミキョウが言う、親（ミオヤ）に相談する方法[4]にも賛意を示します。しかし、皆さんは日々の家庭での仕事があるために、なかなか実行できない点を考慮して、いま一、二の簡易な方法をお伝えしましょう。

第一に、毎朝寝床を離れたときのすがすがしい気分を保持しようと努めてください。この朝の気分を夕方まで保持するのは容易なことではありませんが、いろいろと工夫してみてください。

第二に、家庭の仕事をする場合は、ほかのことを考えないことです。例えば、掃き掃除をするときは、ほかのことは考えず掃除のみに専念することです。

私は、常に明朗であれ、すがすがしくあれと説きますが、そのためには、思いを一つに集中することが大事です。例えば、ご飯を炊いていて来客があった場合、ご飯を炊くことと来客の応対との二つに思いが分かれると平心を維持することはできません。かまどの火を消して来客に応対すれば、思いは一つに集中します。このように一心を持続するよう工夫してみてください。

何事を行うにも、その行いだけに集中すれば、平心からさらに進んで鏡心に至るようになり

4　自問自答の法のこと。詳しくは第二章第一節をご参照ください。

ます。ですから、皆さんは、明日のことを思い煩《わずら》ってはいけません。

いつ自分の寿命が尽きるかは予期しがたいものです。寿命を思うなら、あと一時間の命とだけ思えばよいのです。あと一分間の命と思えと言いたいところですが、それでは皆さんの心に、ヒシと実感できないので、一時間の命といったまでです。ですから、いつ寿命が尽きても心残りのないように、すべてのことを速やかに処理しておくよう心掛けてください。

平心から鏡心に移ろうとするとき、注意すべきは、油断しないことです。少し時間の余裕ができたので修行しようとか、静座しようとかいうのは、隙間をつくることであり、その隙間から魔が忍び寄ってきます。修行を特別のこととして行うのは、油断そのものです。

たとい平常静座する時間がなくても静座の時の心を忘れなければ隙が生まれません。平常が静座であると意を強くして臨む方が、静座してそのあと静座の時の心を忘れるよりも勝っていますね。この心構えで油断なく家庭の仕事も処理すると、よい結果が生まれるものです。

静座して心を落ち着かせようとするとき、心が浮き足立つのを抑圧しようと焦り、気が頭に上る結果、かえって様々な雑念を誘い、無駄な時間を空費することとなります。したがって、**ただ心を落ち着かせようと思うのみでなく、同時に筋肉に入る力が平均化するよう工夫**してみてください。例えば、下腹に急に力を強く入れると、かえって頭に気が上りますが、それは、引力と圧力の平均化によるものです。このことをよく考えて、徐々に落ち着けるよう工夫すると、肉体に無理なく、安らかな静座ができることを体得するでしょう。

三　静座の工夫

皆さんが精神統一しようとするとき、**無理に眼をつぶったり、耳を閉ざして聞こえないようにしたりしてはなりません。**肉体の眼はおだやかに開き、耳は静かに澄ませ、口は軽く結び、鼻は静かに呼吸を続けます。平常と同じように、肩は柔らかく、胸は張り、腹には無理に力を込めず、両の手は膝（大腿）に置いて柔らかに組み合わせます。

手の組み方は、母指と次指を合わせて輪を作り、二つの輪を交差させます。そして、母指、次指の爪先を片方の掌の中心（労宮）に接触させ、残りの三指と三指は重ね合わせます。こうして組み合わせた両手を下腹に置けば、母指の交差するところが丹田の位置に当たります。この丹田に気を落ち着けて端座するのが正しい座り方なのです（次頁写真参照）。

いわゆる「座禅」の形でも結構です。しかし、今から座禅しようという、普段と異なる気持ちになるとよくありません。**平素の座法そのままにゆったり座ること**です。

この方法で座り、静かに魂魄《たましい》の耳眼[5]、神経の動きを眺めておれば、肉体が落ち着いてくるのがわかります。これが、静座の要訣です。

1.母指と次指を合わせる
2. 輪と輪をつなぐ
3. 母指と次指の爪先を
掌の中心に触れさせる
4-1. 残る三指を重ねる
4-2. 三指の様子
5. 母指の交差部分が
臍下丹田

参考写真——手指の組み方[6]

四　真の智慧者とは

一見、不思議に見える事柄も、智慧の眼でよくよく観察すれば、その実相を見破ることができます。**不思議というのは、智慧が及ばないから不思議に見えるのにすぎない**のですから、この智慧がどこから生じてくるのか、智慧の来るところを明らかにすることが肝要です。では、智慧とは一体何でしょうか。

「智慧を絞り出す」という面白い言葉がありますが、これは一種の形容詞ではなく、まさに当を得た言葉と言えます。どうしてかというと、静座は雑念を押し下げますから、その圧力によって潜在している智慧を上昇させることになり、つまり智慧を「絞り出す」と言ってよいわけです。座禅、静座は、智慧の水を絞り出す妙法、汲めども尽きない智慧のポンプではないでしょうか。

したがって、すべての実相を見破り、実相を測定しようと思うなら、心を落ち着けてこの智慧を絞り出すことを考え、平心と鏡心の術をさらに工夫していけば可能となるでしょう。

5　未知日記では、人間の精神構造は心意《こころ》・魂魄《たましい》・霊《れい》の立体三層であるとされる。魂魄の耳眼とは、表面の自我心より一段深い精神の働きを指す。

6　写真では胡坐の形（編者の普段の座法）になっているが、厳密には、本文の「両の手は膝に」という記述を守れていない。膝（大腿）に手を置くのであれば、正座、あるいは椅子に座った形が良いと思われる。

実相を看破しようとするとき、**大切な秘訣は、善か悪かという心で見ないこと**です。善悪の基準でみると、信と不信、疑と不疑の心が生まれ、実相を完全に看破することが困難になるからです。

ここで、真の智慧者とはいかなる人物をいうのか。猫の話を引き合いに出してみましょう。たくさんの元気な猫が鼠を一匹も捕ることができないでいたところに、老いた猫が飄然《ひょうぜん》と現れて難なく鼠を捕まえたという話です。猫どもは、老いた猫にどうやって捕まえたのかと尋ねました。

「簡単なことさ。鼠を捕るのは猫の本分だから、不思議でも何でもないよ。ただ、お前らは手柄を立てたいと我意を強くしたので、その威圧を鼠に見破られたのだよ」

それを聞いた猫どもは、「われらの頭領になってください」とお願いしたが、老猫は首を振って「いやいや、俺より優れた猫が隣の家の屋根に眠っているよ」と言いました。

「隣の猫は、一匹の鼠も捕っていないのに、なぜ優れているのだい」

「あのなあ、隣の家には鼠が一匹もいないのだ。捕る必要がないのさ。だから、俺よりもあいつの方が優れていると言ったのだよ」

この話のように、皆さんは、鼠を捕る猫を智慧者と思っているようですが、私の言う真の智慧者とは、鼠を家に入れない猫のことです。これは、上手と名人の違いと言ってもいいですね。平心と鏡心の違いもこれによって理解できるでしょう。

平心を得ようとして、終日静座し続けていては、自分の仕事をすることができませんね。これを一事に偏ると言います。しかし、一日の仕事を平心をもって行えば、偏ることがありません。右に述べた老猫のように「自分は猫であって虎ではない」という気持ちでおれば、鼠を捕るのは手柄ではなく、ただ自分の本分を全うしただけのことです。言い換えれば、これが平心です。

これに対して、鏡心というのは、隣の家の猫のような境地のことです。「自分は猫である」と思うのは、まだ猫の心から抜けていませんが、この猫であるという境地を脱して初めて、真の猫となることができるのです。

鏡心を体得すれば、人も真の人となりますが、これを体得するのは容易なことではありません。古来、皆さんの祖先の聖者達が遺してきた伝統の遺跡（方法）を順歩するのもよいでしょうが、これには往々にして誤ったものがありますから、注意せねばなりません。私の教える、**親（ミオヤ）を求める方法**[7]は安全で迷いなく、多少時間はかかりますが、成功は必至です。

五　捨てる心に

心の汚物を捨て、濁りを取ると、いかにかき乱されても心は混濁せず、明鏡のようになり、鏡心の法が完成します。理屈としてはそうなのですが、言うは易く行うは難いのも事実です。かといって、行わず手をこまねいているだけでは、一層困難になります。「成るか、成らないかは、成して後に分かることだ。失敗しても、成らないことを知らなかっただけのことと考えればよい。ままよ、とにかくやってみよう」という気持ちに切り替えて実行してみてください。**「ままよ」という心になれば、それが捨てる心の基本です。**「ままよ、どうとでもなれ」と覚悟し、自らを励まし、自問し自答していけば必ず所期の希望を達成することができます。論議を後にして、実行を先にすることです。十里の道は、九里をもって道半ばと思って歩むことです。

人は死ぬ間際になったとき、本然の姿に還るという話を、お聞きになったことがあるはずです。死に直面しないと、真の鏡心は体得できないのです。したがって、末期に至らないうちに鏡心を悟ることができれば、真の喜びを感じるのです。真の喜びを知らずに一生を終えるのは、まことにもったいないことではないでしょうか。では、鏡心による真の喜びとは、どのような喜びでしょうか。もちろん、万金を得たときの喜びではありません。それは、ぬか喜びであって、寸時に消滅するものです。これに対して鏡心の喜びは、永遠の歓喜と楽しみを伴います。人生の末期に至れば、たいていの人は鏡心を味わうものです。しかし、末期になってからでは甲斐がないので、末期になる前にこの境地に達するべきです。

ではその方法は、と皆さんはいらだって尋ねることでしょう。私は、皆さんに難しい専門的な方法を行えというのではありません。**日常の仕事をそのままに行として行うことによって、専門の行者と変わらない境地に導きたいと望んでいるのです。**専門の修行は、多少時間を早めるにすぎません。いささか時間が遅れたとしても、到達すべき境地に達すればよいでしょう。急がば回れという諺《ことわざ》もあります。皆さんは、亀のようにゆっくりでも油断なく道を歩んでいくことです。そして**天の使命を自分の業として不断に努力すること**が、すなわち法ということになります。

六　平心の工夫——ミオヤ（自霊）を敬慕する

平心を保持するには、物に動じず、いらだたず、悲しみ怒ることもないようにすることが肝要です。人があなたを立腹させたときは、静かにミオヤ（自霊）を呼ぶことです。ミオヤを呼

7　本章第六節に掲載。

ぶ余裕を持てば、分別がつくので、怒る心は沈静して、平心に還ることができます。何につけても、**ミオヤを片時も忘れず、ミオヤの手にすべてを任せるのがよい**のです。これが平心の極意と思って実行してみてください。

ミオヤに対しては、拝む心で接してください。伏し拝み、手を合わし、低頭してください。[8]ミオヤは、肉親の親とは違い目に見えませんが、不遜な態度で接してはいけません。友達のような気持ちでなく、敬慕することが大事です。

ミオヤを求めるこの方法は、安全で迷いがなく、多少時間はかかりますが、成功することは確実です。

皆さんは神社に詣で、あるいは仏壇に向かうとき、合掌し瞑目するでしょう。これは、外を拝むように見えても、実は内を拝んでいるということもご存じでしょう。この行為は、ミオヤを求めている姿なのです。人間として生まれた皆さんは、ほかの動物にはないミオヤを持っていながらその影を知らずに生きており、死後において初めて知るというのはなんともったいないことでしょう。いや、死後にもミオヤを知ることなく終わるものがいるというのは、残念至極なことですね。今生が尽きないうちに、早くミオヤの顔を拝する悦びを体験してください。

七　鏡心の工夫――癖を直す

人には、一つのものに傾きやすいという性質があります。これは癖ですので、是正しなければなりません。一つのものに凝り固まることとは結構なことですが、これが一種の癖となるために、物事が成功しないことが多いのです。芸術家には芸癖があり、宗教家には宗癖が、政治家には政癖があります。学者には、学癖があり、それぞれ一方に傾くので、近いところにある真理を見逃すことが多いのです。**鏡心の極意は、一方にとらわれないということ**ですね。

水が固まると氷になり、さらさらとは流れなくなります。鏡心は氷のように固まると自由を失い、自在な行動ができなくなります。したがって、自由の内にさらに自由を求め、すべてにおいて一方に偏しない修養を積む必要があります。

例えば、学者なら、一つの学にとらわれず、朝の洗面も、食事も、衣服に至るまで、みな学問と心得て修養すると、真の学徳が現れてくるものです。ここが工夫のしどころですね。よく考えてください。

こう語ると、皆さんは修養に凝らなくても成就できる道があるのではないかと尋ねることでしょう。それは、誤解というものです。私は「ものにこだわるな」という意味で言ったのであ

8　ミオヤに対する心構えとして、の意。実際に低頭してもよいだろうが、肉体動作としての伏し拝むことを推奨されているのではない。

って、**熱中しなければ成功しがたい**のは当然のことです。

（以上テッシン貴尊の講話）

八　恐怖の念を払え

物事を苦に病む人は、恐怖心が強いので、物事を処理しようとしてもできないことが多いのです。恐怖心の縄が自分を縛り、その束縛が高じて自由を失ってしまいます。また、老人は気ばかり焦って、身体が自由にならないので、腹立たしく感じ愚痴をこぼします。反対に、物事を速やかに処理する人は、雑念が少ないものです。

人が人たる道を歩むときは、ちょうど武士に守護されて大道を行くようなもので、危険は全くありません。危険がなければ、恐怖する必要はありませんね。人は神の恵みをたくさん享けているのに、それを知らず迷っているので、恐怖の念を取り去ることが難しいのです。

自力にとらわれて、自分の力が弱いと考えると、自然と引きこもりがちになり恐怖心で前に進むことができなくなります。良いこととは知りながら、これを行うとわが身が危なくなるので、とりあえず傍観し他者に譲っておこう、そうすればわが身は安全だと思って何事も行おうとしないのも、この恐怖心からですね。

神の道を信じ心に固く誓って行おうとするときは、神の命令と信じて躊躇《ちゅうちょ》しないことです。砲煙や弾雨が迫り危険になっても、神命は無視できないと心得、「千万人といえども我往《ゆ》かん」という決意を固めてください。そうすれば、必ず道が開かれます。潔く進めば、気光素[9]が自然と働いてきます。

この気光素の作用は偉大で、皆さんの災難が取り除かれるのは疑いないですから、勇みに勇んで力を尽くしてください。盥《たらい》の水も一挙に捨てないと汚物が底に残ります。同じように、躊躇すると悪念が残ると思い、いったんやろうと決意したなら、あれこれ迷ってはなりません。**進むときには潔く進み、退くときには潔く退くのがよいです。**

恐怖心を離れると、勇気が出てきます。勇気とは、言葉を変えていえば、気光素です。気光素は霊光です。霊光はあらゆるものを照らしだします。躊躇してはなりません。大胆でありなさい。些細なことに迷ってはなりません。

九　神の道を歩め

では心の安定は何によって求めることができるのでしょうか。私に言わせれば、**「神を信じ**

9　ここでは人間の精神エネルギー（霊光）を指す。詳しくは、第三章第三節をご参照ください。

て神の道を歩め。その信念を厚くする以外にない」と答えます。愚かな人は、神の道は窮屈で身の自由がないと言います。しかし、神の道こそ本当の自由自在をもたらすのです。窮屈というのは習慣から感じるのであって、古い悪習慣がもたらしたものですね。新しい道に入れば、始めは多少窮屈に感じますが、慣れれば真の安楽となるものです。

世の中で習慣ほど大切なものはありません。悪い習慣によって多くの障害が生じることがありますね。皆さんは、神の道を歩むことを習慣とするようにしてください。他人に尊敬されようと思うよりは、神に愛されるように努めてください。他人から尊敬されたとしても、別の他人から非難を受けることがありますね。神に愛されると、ますます向上する悦びがあるばかりです。

私はいま、神という言葉を用いましたが、**私の言う「神」とは皆さんの親（ミオヤ）である**と考えてください。親というよりも神といった方が、皆さんの心に深く入りますので、「神」と言ったまでです。神と平素からともに暮らしているなら、恐れるものはありません。神と離れるから、臆してしまうのです。神ありと信じて疑わなければ、さらに信念が加わり、胆力がついてきます。

ところが、神は眼に見えないので、果たして神がいるのかどうか迷う人がおり、そういう人はいろいろと迂闊《うかつ》な考えをめぐらすものです。眼に見える神なら、その力を計ることができますが、神は眼に見えないからこそ、その力の底もつかめず奥深いものがあるのです。

ここで、考えてみてください。軍人が負傷し臨終に臨んだとき、「お母さん」と母親に呼びかけることでしょう。その母親は、傍にいませんが、幼い時からの情愛が身に染みているので、呼びかけるのです。ですから、見えないものでも、存在すると思って信じるなら、心の頼りとなるのではないでしょうか。それだけでも、心が安らかになるでしょう。

皆さんは、まず神は存在しないものとみて心の安定を図ることも、無意義ではありません。神はあるのか、ないのかと思い煩って苦しむくらいなら、むしろ存在しないものと思い、自分の心にあるものとみなして心の慰安を図る方がはるかによいではありませんか。

このことは、言い換えれば、真の神を自分の心より作り出すことができるということです。ある人が「神は存在しますか」と智者に尋ねたところ、智者は「私はまだ、神を拝んだことがない。だが、神という字なら知っている」と答えたそうです。まことにその通りではありませんか。その答えは真理です。**神があるかないかを考え、迷いに迷って一生をむなしく過ごすことのないように。**

とにかく、信仰を厚くして、胆力を練り鍛えれば、迷いも恐怖も自ずと去り、その一片の影もなくなります。何度も言いますよ。[10]「皆さん、自己を捨てなさい」と。

（以上第八、九節はミキョウ貴尊[11]の講話）

10　本書には掲載していないが、ミキョウ貴尊は未知日記のなかで、「我欲を捨てよ、自己を捨てよ」との旨を何回もおっしゃっている。

11　この講話の当時はミキョウの位にあられたが、後の昭和二十一年に「セイキョウ貴尊」になられた天人である。第四章までに登場するミキョウ貴尊は、すべてこの天人である。

第二章　基本の行法

一　自問自答の法――自霊に伺いを立てる法

真の安楽を求めようとするのは、人間の本性ですが、その不変の安楽は一体どこにあるのでしょうか。

それをよく知っているのは、**あなたの父母（ミオヤ）**です。あなたの両親（ミオヤ）はあなたの体の家に住んでいます。ですから、自ら問うて、自ら答えるのです。座禅の工夫は、必要ありません。**ただ、自問自答するだけでよい**のです。

始めのうちは、うまくいかなくても、やがてはミオヤの声を聴くようになります。これは愚かな方法に見えますが、実は賢明な方法なのです。人は難しい方法が賢者の道と考える傾向がありますが、これは愚かなことです。むやみに難しいことを知って、私こそ智者である、学者であると慢心したところで、何の得るところがあるでしょうか。

人が訪れなくても、深山の花は清らかに咲きますね。さりとて、ふもとで塵にまみれて咲いていても、美しさは変わりません。自問自答の法は、俗法であって、座禅こそ尊法と思う人は、ひとまず実行してみてどちらが優れているか試してみてください。平凡なこと（自問自答）でも、行を怠らず、かつ真剣であることを要します。たゆまずこの行を修していけば、やがては必ずミオヤの声を聴くようになりますよ。

あなたが我心《がしん》を強く持てば、あなたの体に住んでいるミオヤは、子供が自由に遊べるようにと子供の部屋を広くし、自分は隅の方に身を縮めています。ですから、あなたは我心を捨てて、ミオヤの部屋を広くするようにしなければなりません。

ミオヤに仕える心が深くなると、神の力もまた深くなり、あなたの身にも光が増してくることは疑いありません。もし、人をそしる心が起きたなら、それは破壊の作用なのであなたの心に傷がつきます。喜怒哀楽も心の曇りであり、心の曇りは穢《けが》れと罪を招きます。心は身と同じく清く保ち穢れないように願います。我心が求める楽しみは、一瞬の夢のようなものですが、神の力より享ける楽しみは永久に尽きないものであることを知ってください。

また、自問自答の法の行において、時が経つに従って、**自分の問いがまだ終わらぬうちに、ミオヤの声を聴くようになる**でしょう。それだけでなく、**自分が問うていないのに、ミオヤか**

ら教えを受けるに至るのです。例えば、「この朝のうちに、お前のところに来る人がいる。その人は何々の用件を持ってくるであろう。それには、これこれのように対処すればよい」などと教えられます。このようにミオヤとその子（我心）の情がこまやかになれば、自問自答の法の行は達成されたのです。

この方法により、日常の一切をミオヤに相談して行えば、いつも爽快で元気溌剌《はつらつ》として、不安のない明朗な生活ができるでしょう。ですから、この法をあなたの家族にも教えて、一緒に行ってみてください。始めのうちは、家族の者の意見（自問自答の結果）はまちまちになるでしょうが、お互いに進めば必ず意見は一致します。ゆえに、楽しんで行う心が生じ、家庭も明るくなることでしょう。

（ミキョウ貴尊の講話）

二　「生・死」の点を外す

自分には、神も仏も必要ないという無神論者がいますね。彼らは言います。

「生きている間が安楽なら、それでよい。天とか神とか面倒な空説に惑わされる必要はない。それよりも、美食で腹を満たすのが一番だ」

「もし、神がいるとするなら、どうしてこの肉体を作って苦しめるのか。霊界に真の安楽を得させようとして、その準備のために肉体を作ったのなら、むしろ生まれたときから霊界に楽に入れるよう道を用意しておくべきではなかったのか」

また、無神論者は、こうも言います。

「生があるのだから死が来るのは当然のことだ。それ以上、考える必要はない」と。

確かにその通りです。道を修めようとしても、とうてい修得できそうもないと悩んだときに、このような議論に惑わされてしまいます。しかし、彼は真の「生死」を知っていないのです。私が、お話ししようとするのは、**動物性を死なせて、人間性を活かせよ**ということに尽きます。動物性を捨てて、人間性に還れということなのです。

いやしくも人間に生まれて、動物のままで終われば、人間に生まれた甲斐がないと誰もが口にしながら、人の道を知らない者が多いのはなぜでしょうか。私が、強調したいのは、真の「生死」を知れ、言い換えれば、**「生・死」の点を外せ**[12]ということです。

人間最大の悩みは、生死ですね。人は、生死を超えることによって初めて真の人間性に進むことができるのです。したがって、生死を明らかにするということは、生死を融和させること、すなわち点を消して、生死に差が無くなるようにすることです。生死の差取り、つまり悟りに達すれば、「生死一如となりて生死なし」と古人も言っていますね。生死の間の点は、間《ま》、差なのです。それは、小さく見えても大きいものです。

では、どうすれば、「生・死」の点を取り去ることができるのでしょうか。

一番簡単なのは、朝目覚めたとき、床の上に端座して、手を組み眼を閉じ、心を整えて口の中で次のように言うことです。

「私は、今日死せよとの仰せがあったなら、潔く死にます。死んでも決して悔いることはありません」と。

昨晩安らかに眠れたことを悦び、感謝して、今日、いつ死を賜っても、悲しみも未練もなく、喜んで死去することを誓うのです。そして、夜眠るときも、同じように床に座して、本日仕事のできた喜びに感謝し、寝ている間に死を賜ったとしても喜んで逝くことを誓います。

朝夕油断なく、これまで説いてきた行いをしておれば、点は自ずと消えて、生もなく死もな

12　点とは、隔たりの意味である。大人が幼児に対する際に、幼児の程度に合わせれば、幼児は心を開いてくれる。これも幼児・大人の間の点（隔たり）を、融和によって取り去ったものである。その他、点の例は多く考えられるが、それらのなかで最も重要なのが、生・死の間の点であろう。

い境地に達することは明白です。私は、誓ってこれを保証します。このように、生死が完全に融和すれば、物事は自由自在に展開でき、ここに至れば悪魔も犯すことはできなくなります。

三　不動の境地を得る三つの方法

三つの方法というのは、**第一に自問自答すること**[13]、**第二に心の笑顔を保つこと、第三に心から礼拝すること**です。これらの方法が次第に行われることによって、潜在している気光素[14]は、頭をもたげるようになるのです。

自問自答において、自分の親（ミオヤ）に尋ねるのは、迷いを払うためです。そして、心の笑顔とは、教えを得た悦びであり、心の礼拝は、教えによって救われた感謝の現れなのです。

これらの方法を休みなく行っていけば、身心魂の三つの力が一体となるので、真の信仰を得ることができるようになります。真の信仰に迷いはなく、迷いがなくなれば、正しい道が得られるはずです。

皆さん、うまずたゆまず、他事に心を移さず行ってみてください。娯楽の気分で道を歩んでも、得るものがないのは言うまでもありません。

私は、皆さんに不可能なことを教えているのではありません。深山幽谷に分け入って難行苦行しなさいと勧めているのでもありません。日々の仕事に専念しながら、この方法によって道が得られることを教えているだけなのです。

第二の法において、常に笑顔を持てということは、口でゲラゲラ笑えというのではありません。**心の笑顔をいつも忘れず保つこと**です。

身についている垢や穢れは、心の笑顔によって洗われて清浄となるので、罪咎《とが》は消えていきます。子供のような気持ちで一歩一歩道を歩んでください。急いで躓《つまず》くことのないように。こうして、動物性を離れて真の人となったとき、初めてそれまで知らなかった悦びを身に染みて感じるようになります。悦びの心がみなぎると、接する人もみな感化され、親しみを深くするでしょう。

親の情けを知らずに育った子供は、本当に哀れですね。皆さんは、同じように、真の親（ミオヤ）の情けと慈悲の温かみを知らずに今日まで過ごしてきましたが、まことに不幸不憫なことでした。

しかし、皆さんが、母の手に抱かれていることに気づくと、自然と笑顔があふれ、体には真

13　本章第一節にて既出の方法である。
14　ここでは、人間の有する精神エネルギーを意味する。詳しくは、第三章第三節をご参照ください。

の温かみを感じ、さわやかな気持ちに満たされ、今までとは変わった新生活が営まれるでしょう。

人に対する親切も、利己心を離れた親切となり、接してくるものもすべて皆さんを拠り所にするようになります。そうすると、気光素と呼ばれるものの働きもますます活発となり、真の親の慈悲も加わり、病苦も退き、本当の悟りを得ることができるようになります。

最後に第三の法、感謝の礼を欠かさないことです。三度の食事をいただくとき、食を与えてくれた人に感謝の言葉を贈りますね。であるなら、あなたを育ててきた真の親（ミオヤ）にも、感謝の礼を捧げなければなりません。親の情けに馴れて甘えてはいけません。**毎日三度（朝・昼・晩）厳かに感謝の礼を行ってください。**手を合わさなくてもよいです。ただ心と身体を正し、礼拝すればよろしい。

そして、**「ありがたい、かたじけない、もったいない」**という気持ちを表せば、真の慈悲心が養われ、接する人はみなあなたを慕ってやってくるようになります。来る人は、ともに手を取って道を歩むように導いてください。去る人を追ってはなりません。去る人は、道を惑わし汚すものだからです。この第三の法は、苦しくてもたゆまず行ってください。

以上の三法によって、気光素の力がいかに顕著に現れるかについては、語らないでおきます。

自分でそれを体得すれば、はっきりとわかりますので、楽しみながら行ってください。**もう一つの一大事は、**「生・死」の点を外すという項[15]で説いた法を実行することです。つまり、**「今日死せよと仰せなら直ちに死ぬ」という覚悟を固めること**です。この方法は重要なので、朝夕だけでなく、四六時中覚悟しなければなりません。

これを加えた四つの法によって、四線の法則[16]は完全なものとなり、二性（光体性、気光性）の理論がここに成立し、その結果、神通力は通《かよ》って不変不動の境地に達することができるのです。

（以上第二、三節は、テッシン貴尊の講話）

四　頭腹一体の法

諸子は、早く会得したいと焦るので、かえって遅くなるのです。人が一年で達成するなら、自分は三年、五年かけて会得しようと思い、日々怠らず修行すること。精神統一の方法は簡単です。**四六時中、頭を休めて平にして、下腹部の力を抜かないこと。**これだけで達成できます。

15　本章第二節参照。
16　破壊、分解、融和、組織の四つの要素の組み合わせで世界の運行を説明する法則。詳しくは第三章第一節をご覧ください。

精神統一は、これを実行していけば完全無欠なものとなります。

下腹部は人の中心です。この中心を忘れるから糸の切れた凧のように飛散してしまうのです。いつも頭脳を休めて一切を腹に任せなさい。頭を休めると居眠りが生じると言う者がいますが、口を結んでおれば居眠りは生じません。たとい口を結んだ状態で眠ったとしても、差し支えありません。腹の力を抜かず、口を結んだまま居眠りするほどの行となったならば、統一は成就したということになります。

しかしながら、諸子をみると、丹田に力を充実させず、胃に力を込めているものが多い。これは、健康を害するので、**胃はいつも柔らかくして臍下《せいか》丹田に気を込める**ことが肝要です。胃に力を入れると、かえって頭脳を混乱させ肩を凝らすゆえに、呼吸器を害します。

（慈音師の注：初心者には玩具の「おきあがりこぼし」を見せて工夫せしめよとテッシン貴尊は我、慈音に仰せられたり。故にここに記しおかん）

この場合、**眼を閉じるなかれ**。目を閉じると口は開き、腹の力も抜け、心の居眠りに終わってしまいます。また、**首をうなだれるなかれ**。首をうなだれると、上体が傾き、腹部の力は中心を外れ左右に傾いてしまうでしょう。これらを厳守して、日々の仕事を行う場合も、すべて腹に任せて行うことです。諸子の魂魄《たましい》のありようは霊に任せ、肉体のありようは腹に任せるということを忘れず、実行してみなさい。

結果がどうなろうとも、腹に信頼を置いてすべて任せていけばよいのです。諸子は腹がどうのこうのとあれこれ思うのは、腹に任せきっていないからです。**どうなろうとも、任せた以上は腹のなすがままになっていくことを楽しみとしなさい。**

すべてを腹に任すということは、大事業を成し遂げる人物を養成する方法です。これ以外の方法を試みても、結局は腹に任せるということに帰着するでしょう。腹に任せていけば、胆力は増大し、どんな苦難に遭っても動じることなく、物事はすらすらと運んでいくでしょう。

ここで、諸子に**もうひとつ注意**しておくことがあります。諸子が頭と腹を一体にする法を行っているのを見ると、**体の前面にのみとらわれて、背後に心を配っていない**が、それはよくありません。背後には脊髄という大切な部位があることはご存じでしょう。頭と腹を一体にする媒介の役を務めるのは、脊髄であるから、前面にのみとらわれると完全な統一ができなくなるのです。一本の細い骨で全身を支えている大切なこの柱こそ、人体にとっても人根[17]にとっても重要であることにくれぐれも留意しておきなさい。

17　ここでは人の魂魄《たましい》の意。

家を建てる場合も、中心となる柱を大極柱（一般に大黒柱）として大切にしています。人体の大極柱は背骨です。これを粗末にしてはなりません。静座、座禅する場合も、背柱をおろそかにしないよう用心することです。背柱を仲介者として、頭と腹を一体にする方法を工夫しなさい。

頭から前面の胸を経由して気を腹に送ろうとするから、背柱は忘れられたような形となり、それで頭と腹の間に壁が生じ一致することができなくなって、かえって心身の疲労が増す結果になるのです。したがって、脊髄を通じて、脊髄を仲介として（頭と腹を）一つにすれば、顕著な効果が現れることに心を用いなさい。**背後に油断せず気を配りつつ、下腹部を充実させることです。**

（教主寛大の講話）

五　脊髄の働きについて

脊髄は大切な身体の倉庫と考え、**常に背中に気を配ること**が肝要です。頭で考え、胸で思案し、腹で工夫せよと言われますが、これもすべて脊髄から信号を受けることを意味します。

寝ていた病人が死のうとするとき、必ず一度は起き上がらせてほしいと訴えることがあるはずです。それは、脊髄を表に出して、陰を陽に変え、魂魄《たましい》を脱出させようとするためです。

電話でもラジオ放送でも、遠隔地に情報を運びますね。人間にもこの設備があると語れば、奇異の思いを抱くでしょうが、決して不思議なことではありません。また、電送写真の備わりもあるのです。**脊髄は放送局、あるいは電話局なのです。**この備わりがあるからこそ、人間は最高動物だと言う資格があるのです。武道の気合法や合気の術なども一種の発電作用で、この電気力が旺盛なものが勝利を収めます。放心[18]というのも、この放電の作用です。

（テッシン貴尊の講話）

六　断食法と読書法

①断食法――霊感に浴する法

すでに皆さんは、頭腹一体の法、自問自答の法などを教わったはずですが、これよりも簡単で速やかに目的を達する別の方法はないものかと思うことでしょう。少し困難だが速成の方法、そして時間は若干かかるが、非常に簡単な方法があります。これは秘伝ではないので、広く公開しても差し支えありません。

18　ここでの放心とは、心を自由に放つことである。例を挙げると、母が赤子の泣き声を聞いた際に、母の心は母に「早く行け」と急かす。これは心が外へ放たれ、帰ってきたものである。この心の働きを応用発展させて、行者はテレパシーにて意思疎通を行っている。

行法には、水行とか火忌《ひだち》、物忌《ものだち》などたくさんありますが、皆さんに勧めるのはまず断食法です。霊感を受けるためにこの法を用いると、簡単に目的を達することのできる速成法です。ただし、やり方を間違うと労多くして効果がありません。

まず断食に入るに先だち、**これから尊い来客を迎えるにあたり肉体の汚れを浄化して迎えようとの心構えをもって行うこと**です。そして断食にあたっては医者の診断を得ることを忘れてはなりません。初心者は経験ある指導者の監督の下に行うか、あるいは宗教信者達の多く集まる断食堂などに入って行えば安全です。なぜならもし、断食の途中で恐怖心を起こすと害あって益なき結果に終わるからです。また老人が行う場合、断食を幾度も経験している者ならば心配無用ですが、初めてであれば医師の許可が下りない場合、断食行を行ってはなりません。

初心者は断食の期間を**一週間（七日）**とするのが適切です。まず**（断食前の）初めの三日間は三度の食事を一回分粥二杯と定め、副食物は消化しやすい物をごく少量**用います。この三日間を半断食といいます。半断食の間にて身体に苦痛を感じたなら断食の行をやめるべきです。

さていよいよ本断食に入るに際しては清浄なる水を用意します。この水は断食中、必要に応じて飲用します。**断食が終わってても直ちに普通食をとってはなりません。**重湯より次第に粥へと順次身体を馴れさせ、それから普通食に移るのです。七日の断食であれば、（断食前の）初めの三日は粥、断食後二日間は重湯、そうしてあと三日間は粥を用いて普通食にすればよろしい。すなわち、半断食の期間は前後八日間、本断食は七日間とすると、**十五日間にて完成**します。以上は肉体上の方法ですが、これから述べるのはもっと大事な精神上の方法です。

まず断食を決行するに先だって尊い客を肉体の宿に招くためにすべての部屋を清めようという心構えを持てと言いましたが、さらに一歩を進めて、**「神の降臨を断食を通じて願い、尊き教えを受けよう」という心構えをもって厳粛に行う**ようにしてください。

そうして、「断食を終えれば神は必ず来る」という信心を厚くすることが肝要ですよ。この心を半断食の段階より忘れず保持し、やがて本断食に移る前夜よりは神を拝む心に変わるのを感じたならば、すでに霊光は現れてきたとみてよいのです。

本断食の段階に入ると、**水を飲むたびに礼拝**しなければなりません。本断食に入って一日目はただ漠然と一日を送るのみで、あまり食物を要求しないものです。三日目、四日目となると、肉体に変調を感じて、食を要求するほどではないが、何となく不安な状態となります。この境涯に至った時に挫折する人が多いのです。しかし、この場合は、右するか左するかの分かれ目として大切なところですので、信仰の度をいよいよ深めて霊光の速やかに来ることを願いましょう。信仰が十分篤ければ、この時霊光が現れてきます。

五日目よりは、肉体にも精神にも変調を感じてきますが、心身共に爽快となり、今まで体験しなかった新しい感じに充たされます。そして、もし霊光に浴したなら、ますます爽快の度が増して歓喜の涙がとめどなく湧き出てきます。予定の行を終える頃には食欲が全くなくなり、空腹を感じず、気分は興奮状態となります。やがて最終日七日目の夜に達した時、**三十分ほど静座したのち、静かに合掌したままひれふして自問自答**を行ってください。

自問するのは、**「断食を継続すべきか、あるいはここで止めるべきか」**という問いです。これに対して何らかの答えがあるでしょう。その答えは、自分の声ではなく、厳然とした響きがあって思わず頭を上げてしまうほどの声であるか、あるいは声にならないものの何となく脳裡に閃めく答えであれば、正しき霊の教えです。しかし、自分の声を反射したような答えであれば、厳然とした響きがないので、これとはっきり区別することができます。

満行の夜に自問自答した時、自分の声を反射したような答えが返ってきたとしても、決して落胆しないことです。それは、肉体に何かの障碍が起きたために生じたもので、決して霊光による教えが来ていないというわけではないからです。**自問自答の答えの有無や是非にかかわらず、満行の後、半断食の間にも自問自答の法を継続すべき**です。とにかく、簡単にして霊光を見る速成法はこの断食法なのです。

この他、水行による方法もありますが、帰するところは大同小異なので省略します。また、肉体を苦しめて守護霊（ミオヤ）を誘導する方法も多数ありますが、これらは特に医師あるいは指導者を択ばなければ、有害無益に終わることが多いのです。

②読書法――精神統一し、ミオヤを誘導する法

もうひとつ、至極簡単で安全なる法を教えておきましょう。

目的を達するまでにいささか月日を要しますが、業務に追われて断食の余裕のない人であっても、決心さえあれば、完遂することのできる方法です。これは**夜または朝**[19]、**端座して経文あるいは修養に適する読みやすい書をしばらく声に出して読む**のです。法とはこれだけです。

これを聴くと、皆さんは「そんな簡単なものでよいのか」と不思議に思うことでしょう。では、聞きますが、仏教の僧達が朝夕勤行しているのは何のためであるか、知っていますか。

僧侶は死者の冥福を祈るとか、衆生済度の読経とか称していますが、それは方便であって、じつは自己の守護霊（ミオヤ）を誘導する法にすぎないのです。

19　原文によると、特に時間帯を気にする必要はないとのこと。読書法を実行する時間の余裕を少しもてる時ならば、いつでも良いのであろう。

僧侶の読経は霊を誘導する法なのです。また、僧は衆生に対し朝夕の勤行を勧めていますが、これも帰するところはこの法によって皆さんを守護霊に対面させようとする方法なのです。皆さんには姓名があるけれども、守護霊には姓名はないでしょう。したがって、その霊に尊号を附して己の信ずる神仏の名を呼んでも、**実は自己の霊（ミオヤ）を招いている**だけなのです。この理をよく会得したなら、さらに次のことについて考えを廻らさなければなりません。

私のいう「読書の法」とは、書を読むことに重点を置くのではなく、霊に重きを置いています。霊を喚《よ》び出す方策と言い換えてもよいのです。六部巡礼など念仏しつつ諸国をめぐるのも守護霊に対面する法の一つなのです。文字を知らなくとも短い経文なら誰でも唱えることができます。これは霊に対面しうる尊い呪文と信じて声高らかに唱えることによって精神統一は完全に行われ、ここに初めて霊と対面できるようになるわけです。

私の教える読書の法とはいわゆる精神統一の一法ですので、その心構えにて練磨してください。どんな書物でもあれ、霊（ミオヤ）に対して読みあげるのは自分の任務であると心得て、慎んで朗読していけば、これによって正しい頭腹一体の法が成就することは疑いありません。

ただし、読書による誘導法はその心構えをしっかり固めていなければ、無意味に終わることが多いのです。心構えは一個の種子ですから、心構えがなければ、種子の無い所を耕すようなもので不毛ですね。

繰り返しますが、読むというのは、文字あるいは文章の意味を読むことではありません。その心構えの種子がどれほど発育しているか、発育振りを読むことと心得てください。ですから、書を読むのではなく、口ずさむと心得て、なるべく大声で朗読するのです。**小説その他政治経済または神経に障りある読みものは避け、**ただ口ずさみやすいものを選び、文意を考えることなく、**この書をミオヤに聞かせると、ミオヤは喜んで自分に返ると思って行じていくこと**です。

（以上セイキョウ貴尊の講話）

第三章　自然の法則とは何か

一　空源力と四線の法則について

全宇宙は始めも終わりもなく、したがって時間空間というものもありません。しかし、地球上にあっては始めと終わりがあるので、時間空間が必要になってまいります。また、いうまでもなく太陽も星月も、終末の時がきます。けれども、**太陽系宇宙を創造した元の力、不変の元気力**というものは消滅することはありません。この不変の元気力を本書では**「空源力」**と名付けることにします。

この空源力は絶対のものであり、その不可思議な作用と力は、広大無辺であり、森羅万象ことごとくその恵みを享けています。地球上においては、その研究は完成していませんが、地球以外の世界ではすでにその原理を究め、これを応用して巧妙な機械を創り、自由自在に国と国の間はもちろん、星と星の間の交通、通信も行っています。地球上の学者がその原理を究め、

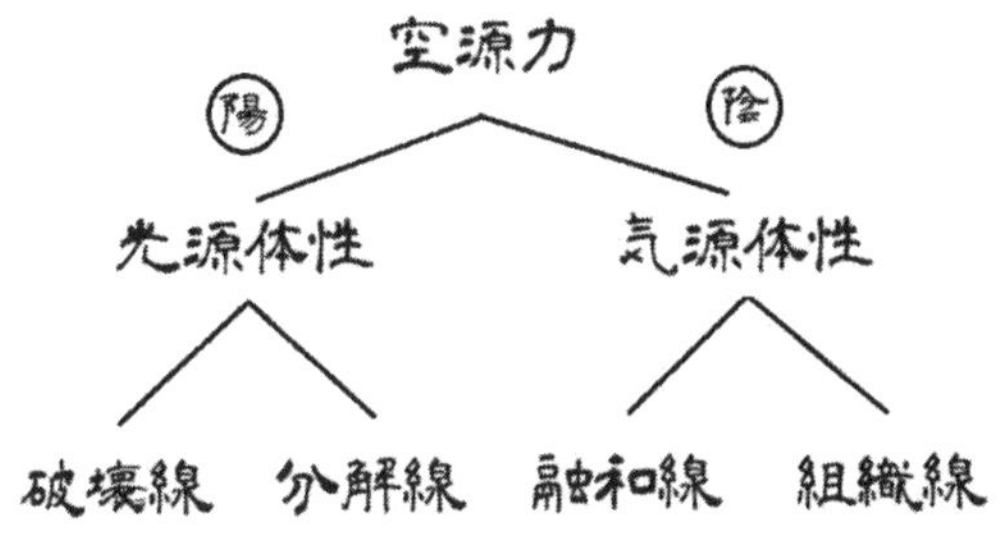

参考図（四線の種類）

速やかに応用されるよう望んでいます。

　この空源力は、**光源体性**（**光体性**）と**気源体性**（**気体性**）の二種類に区分できます。光体性とは、光の源あるいは光の因根を指します。また、気体性とは、気の源あるいは気の因根を指します。

　そうして、この二種の働きが一方に偏したとき、光体性か気体性の一方は破壊され、他方は組織化されます。人間界においては、破壊は死を意味し、組織化は生を意味します。この二種の作用がうまく結合することによって、初めて生死を超越することができるのです。二種の結合の仕方が、どちらか一方に偏ったとき、生死を免れることは不可能となります。

　さらに、光体性を分けると、**破壊線**と**分解線**の二種になります。気体性は、**融和線**と**組織線**に分けることができます。

（上図参照）

　言い換えると、この四種の線が宇宙の根本であり、あらゆるものは必ず**四線の原理**に帰するといえるのです。

人間は、幼児から老人に至るまで、この四種の法則に従って生きています。これが天地自然の道理なのです。この法則を逆用すれば、天理に相反するので世の中は修羅の世界となり、平和を望むことはできません。

例えていうなら、医薬品は病苦を治すとしても、医薬品を飲みすぎると命を失うようなものです。病苦を治すのは、気体性（融和線と組織線）の働きであり、病苦を増すのは光体性（破壊線と分解線）の働きといえましょう。この四線の道理は、科学者が最も工夫し、研究する必要のあるものです。

こういった理を究めないで、偶然何か変わったことがあれば、ただ「不思議だ」と考えるのは愚かなことです。学者の間で用いられる**電気と称するものの本体は空源力**です。しかし地球では空源力の一部を使用しているのみですから、地球外の世界までは到達しません。空源力を電気とすれば、光体性は陽電にあたり、気体性は陰電にあたるのです。学者よ、よく工夫、研究されんことを。

それでは以下、光体性、気体性のそれぞれについて、話を進めましょう。

二　光体性とは何か——空源力の陽の働き

光体性というのは、**破壊線と分解線**の二種から成るもので、その働きは、言葉に表せないほどの強い力をもっています。もし、この光体性の原理をわきまえた者が、地球を攻めようとすれば、一塊の爆薬で地球を粉砕し、人類ばかりかすべてを破滅させ、二十数億年前の昔に戻すことも可能です。

いうまでもなく、**破壊は新たな生成（組織化）のために行うもの**であって、破壊のための破壊は、単なる殺生にすぎず、神の許さないところです。したがって、光体性は、破壊のための破壊にならないように気を付けて修行することが必要です。

例えていえば、結婚は生成（組織化）ですが、邪淫は破壊です。結婚と邪淫を混同してはなりません。また、「盗むなかれ」といわれるのは、盗まれた者の心身を破壊するとともに、盗んだ者の心の親も破壊してしまうからです。

別の例えでいうと、火を生成すれば薪が破壊されます。火が破壊されると飯を生成し、飯は口に破壊されて血肉を生成しますね。この現象を理解すると、一切の破壊と生成の道理が明白になります。また、十字路で、東西から来る人と南北から来る人は衝突しますが、十字路をロータリーにするとぶつかりません。このように破壊と生成（組織化）は、同時に行われているのです。

先に信じて後に疑うのは、破壊の作用です。反対に、**疑いを晴らして後に信じるのは、生成（組織化）の作用**です。また、怒りと悲しみは、破壊であって、喜びと楽しみは組織化ということができます。怒りと悲しみは身を滅ぼしますが、喜びと楽しみも身を疲労させます。なぜなら、真の楽しみではないからです。人間の喜怒哀楽は、瞬時に変転するものです。

宝は人の心を傷つけると教えられていますね。物財は永遠のものではないので、物財からは真の楽しみは得られません。心の財は永久です。人の生命は、通貨によって決められるものではありません。

生まれた喜びは、やがては死の悲しみを招きます。福徳を得た喜びは、やがてはこれを失う憂いを招きます。地位を得て喜んでいても、その地位を失う苦しみを生じます。これが地球上での習慣なのです。

三　気体性とは何か――空源力の陰の働き

気体性というのは、**ある組織を創ろうとする性質**のことです。この気体性は、熱のない光の元素からなっています。そして、この無熱の光は、光体性の光[20]と違い、破壊力を持たず、組織と融和を図る特殊な光線で、**気光素**[21]ともいわれます。気光素は、**生命（生気）を有するすべてのものに備わっている光**で、もちろん人間もこの気光素を有しています。現在のいわゆる電気は、気光素の研究が足りないので、完全なものとなっていません。

猛獣を恐ろしく感じるのも、この気光素の作用によるのです。死期の迫っている人は、気光素が乏しくなるので、自然と寂しさを感じます。また、静座して工夫するのも、この気光素を拡大して霊の働きを向上させようとするものです。修養を積み、徳を積むのも、気光素の増大を図ろうとする行いです。気光素は、空源力の気体性より生じる恵みの光であると言っても過言ではないと思います。

幼児は、見知らぬ人が抱こうとしても、その人の気光素を計ってからでなければ抱かれるのを拒否します。猛獣や狂人を恐ろしく感じるのは、気体性が光体性に変化するから[22]、言い換えると組織線が破壊線に変化するからです。反対に、品格の高い人に威厳を感じるのは、光体性が気体性に変化するから、言い換えると破壊線が組織線に変化するからです。

医者が病人に対して、安静と心の平穏を求めるのも、この原理に基づいています。もっとも、

20　原文では、光体性の光の例として、太陽光線が挙げられている。周知の通り、太陽光は破壊性、分解性を有するものであるから、貴尊の説かれる光体性に属することは分かる。
21　原文では、気光素の作用の例として、蛍の光、オーロラ、蜃気楼等の現象が挙げられている。
22　気光素は破壊線にも、組織線にも働く、不思議な性質をもつ。

心を平穏にしなさいと言っても、その方法を示さなければ、かえって心労を増すことになりかねませんね。

肺、心臓、肝臓、胃腸みな機械であって、これらを働かすものはそれぞれの担当者です。もし機械に支障があったならば、各所より担当者が集まってきて修繕します。医者はその材料を供給するにすぎません。**病を治すのは医者ではなく、機械の担当者である**ことに気づいたならば、治す道も自ずと開かれるでしょう。

心が平穏となれば病は少なくなり、心労を重ねると、組織線が減少し、破壊線が発達するので病が生じることになります。**自分の全身に一様に心を配り、体に故障がないか見張っていると、肉体の機械も病み止まることなく、病魔の苦を少なくできます。**その際に、見張りの部分を照らすのは気光素ですが、気光素は照らすだけでなく、光体性に融和して、(光体性のもつ熱を)増大する力を与えるのです。

また、慈悲心を起こすと、気光素が増え、悪意を抱くと破壊線が増えてきます。それゆえに、人は慈悲の心を起こすように修養を積まねばなりません。自分に修養の力があれば[23]、人に慈悲を施し、その力がなければ人を愛するように心がけることです。

水に手を入れようとしている人に、これは熱湯であるという自分の信念を篤くして暗示をかければ、暗示をかけられた人はたちまち火傷を起こします。しかし、これは冷たい水だという心が、暗示をかける者に残っていれば火傷をしません。このように気光素の力は偉大であり、(先ほどと逆に)熱湯を冷たくする力もあります。暗示は、精神的な動揺をもたらす方便の一つで、気光素の現れということができます。

四　念力と気光素との関係

婦人の間でまれに行われる「丑の時参り」という行がありますね。深夜、神社の境内に入り、人型のものを釘で立木に打ちつけて、呪おうとする悪行です。これは、念力を通じて、思う男を恨み倒そうとする嫉妬《しっと》心の強烈な現れです。相手を倒すまではやまない、我が生命も惜しまぬという熱烈な行法ですから、念の力に比例して気光素も猛烈に働きます。**気光素を作ろうとするなら、まず念じる心を起こすこと**です。その念力が強くなるほど、気光素もそれに応じて現れてくると思ってもよろしい。

この宇宙に生存するもので気光素を持っていないものはありません。気光素の作用は常に働いていますが、人はその働きに気づいていないのです。もっとも、気光素という言葉は、私が

23　慈悲心がほとばしる程度まで修養が進んだならば、という意味であろう。

作ったものですから、知らないのは当然のことですが。
皆さんは、気光素を作り出してこれを働かせるには特殊な方法があるはずと考えていますが、それは**誤り**です。もちろん、ある特別な法術がありますが、それは秘伝として伝えるものですからここでは述べません。

別の例を挙げてみましょう。皆が集まって談話しているとき、話が途切れしばらく沈黙が続いたあと、偶然にも二人の人が同時に同じ言葉を発することがありますね。これも気光素の作用であって、一方の気光素が他者に移り、それを感じて、共に同じように現れた現象です。同様に、他人に聞かれると都合の悪い言葉を、眼に言わせて通わせることも気光素の働きです。こうした例は多数ありますね。

この気光素による共鳴作用は、**距離に関係しません**。相手までの距離が遠いと考えると、気光素の働きは鈍くなり衰えます。遠近にかかわらず働くものだと知って働かせれば、意のままに動くのです。「身は遠く千里の旅にあっても、心はいつも親と一緒に暮らしている」というふうに考えると、気光素はやすやすと作用してくれるものなのです。

先に述べたように、思念すれば気光素がある知らせをもたらすものとみてよろしい。例えば、あの人にこのことを伝えたいと思うと、気光素は伝えるべきか、伝えまいかと待っています。このとき、**伝えねばならないと念を凝らし、伝えることができるという信念を高めれば、気光素がもうすでに伝えている**と信じてよろしい。しかし、通じたか、通じなかったかと不安な気持ちを起こすと、気光素もまた迷うので通じることができないのです。このことから信念というものは大切であることが分かるでしょう。

受け手の受信者が伝言を知らないことがありますが、それは受信者の気光素の強弱に従っての相違[24]があるからです。ですから睡眠中であれば、気光素の働きによって夢で通じます。

気光素を強める方法[25]は、我が親（ミオヤ）に絶えず笑顔を向けること、そして感謝の法を絶えず行うことです。そうすれば、気光素は次第に増大して働くことは疑いありません。

五　そもそも「念」とは何か

念ということの意味は広く、これを一言にして言い表すのは困難です。**念力というのは、気光素のこと**を指します。念ずることで、ある結果が生まれるのですが、では念とは一体何でし

24　活動時（覚醒時）における、各人の気光素の相違であろう。
25　第二章にて、以下の方法は掲載済みである。

ょうか。

普通は、心を凝らして思うことを念といっています。しかし、私の説く念というのは、もっと範囲の広いものです。

人はいつも人間本位に考えるので、念も人間だけが持っている特性と考える傾向があります。けれども、それは誤解であって、**生あるものすべてが念を有している**のです。「一寸の虫にも五分の魂」という諺が示すように、動物はもちろん、小さい虫に至るまで念なるものを保持しているのです。

この見方をさらに広げてみると、宇宙が回転しつつ動くのも、念より生じる結果とみるに至るでしょう。念とは、宇宙を動かす原動力の根幹であると言ってよいのですが、念の力を深く知るには、世の中のすべての事柄を念に照らし合わせて、考案工夫してみることが大事です。

そうすれば、念は私の言う**気光素（霊光）を作る原因**であることが観察できるはずです。そして、念は静物にも達して働かせる力となることに気が付けば、念はじつに不可思議な作用をするものだということが想像され、ますます念力を研究するにあたり希望が湧いてくることでしょう。

六　暗示について

暗示には、**自分より来る自己暗示**と、**他者より受ける暗示**と、**念より受ける暗示**と三種あります。自己暗示は、心に及ぼす作用はそれほど強くありませんが、他者より受ける暗示と念より受ける暗示は心身をはなはだしく痛めます。特に、念より受ける暗示はきわめて強力であり、それによる苦痛も増します。ですから、悪い作用を及ぼす恨みや怨念は持たないよう、お互いに慎まなければなりません。

例えば、動物が苦しまずに死んだ場合は、怨念を遺しませんが、苦悶のうちに死んだ場合は怨念を遺します。その怨念は人間のもつ気光素に比べてはるかに弱いので、人間に敵愾《てきがい》することはできません。ただ暗示を人間に送るにすぎないのです。しかしその暗示は消滅せず、のちに現れて猟師などに復讐することになります。

このように、念より来る暗示には、**直ちに効果を表すもの**と**しばらくして現れるもの**と二種あります。動物には言葉がありませんが、その心の動きが影響を及ぼし人間に現れる場合は、ある幻影の姿で現れたり、あるいは言葉に変換されて表に出てきたりします。

七　鳥獣にも念はある

さるところに、動物や虫をこよなく愛していた未亡人がいました。ある日、夕飯の支度をしていたところに、突然、深傷を負った猿が一匹駆け込んできて助けを求めました。見ると鉄砲による傷でした。薬をつけて介抱しましたが、甲斐なく死亡してしまいました。

その猿が臨終に際して指で表の方を指し、目に涙を浮かべながら死んでいったので、不審に思い、猿が指で示した方向に向かって歩いて行きますと、子猿を抱いている狩人に出会いましたので、子猿を譲ってもらいました。帰宅してその子猿を死んだ猿の脇に置いたところ、なんと死んだはずの猿がむっくと起き上がり、子猿を抱いてキキと一声鳴いて、夫人に感謝するように手を合わせて伏し拝みながら死んでいきました。

表でこの様子を見ていた狩人も涙を催し、その後は殺生をやめたそうです。夫人は、その後子猿を我が子のようにして飼っていましたが、死んだ親猿が毎晩現れて子猿に乳を与えていたと言います。

動物とりわけ**獣類の子に対する愛情の念は、このように人間よりも深いので、その仇に対する怨念も強い**のです。彼らは、人間に対して、復讐をあきらめず、人間の気光素（霊光）が弱くなった隙[26]に乗じて復讐の成るまで反撃します。ですから、容易の行力ではこれを除去することは難しいのです。

八　疑念と信念

皆さんは、信念とは正しい念を指し、疑念とは不正の念を指すと考えているでしょう。しかし、これは誤りです。不正なことにも信念があり、正しいことにも疑念がある場合があります。つまり、**善でも悪でも、信念と疑念があり、迷信であっても念力が強ければ成就します。**例えば、水が霊薬であると信じさせれば、念より起こる気光素の作用によって、不可思議な薬効を表します。反対に、霊薬というのはただの水だと信じれば、効果はありません。念力は、このように不思議なもので、用い方を誤れば利害ともに大きくなります。

無知な人の抱く疑念は底が浅く、智慧の乏しい者の疑念は底が深いものです。また、疑念は邪念を伴い、邪念は執念あるいは怨念を誘発する恐れがありますから、慎まなければなりません。

人は邪念を持たず、素直になりたいものです。言葉では何とでも自由に語ることができますが、実際に行わなければ意味がありません。心の底から素直になり、邪念や未練、執着の気持ちを根元からすっかり抜き去らねばなりません。では、そうなる方法はあるのでしょうか。あ

26　未知日記原文には、「是を払ふには空源力に依つて、気光素の力を得て追ひ払ふより術なし」とある。気光素を自在に使用できる人物でないと難しいということではなかろうか。

ると私は断言します。

すなわち、まず心のいら立ちを取り除くために静座を行います。そして、**「我心騒乱迷苦甚深、願以神通力是清浄」**の十六文字を称《とな》えること百回。我が心は騒ぎ乱れ、迷いと苦しみ深し、願わくば神の通力をもってこれを清浄ならしめたまえ、と念じます。これをじっくり実行すれば、気光素（霊光）は働き始め、この働きが増大するにつれ自ずと清浄になっていきます。

（以上ミキョウ貴尊の講話）

第四章　円海大師、修行生活を語る

一　大師から慈音師への挨拶

慈音さん、俺《わし》は円海[27]です。あんたも大分進まれたようでまことに嬉しく思います。せい出しなされや。へたばったり、尻込みせんようになあ。今が大事ですぞ。勇気を起して一踏張りじゃ。

あんた程仕合わせな人は少ないぞな。次から次へと三人の教主さんの御恵みを受けるとは、何と云う喜ばしいことですか。そればかりではありませんぞ。多くの修行者が十年も苦められて尚合点の行かぬことを、僅々三月で教えていただけるとは勿体ないことじゃありませんか。

27　円海大師は、江戸時代中期の日本に生を享け、昭和二十一（一九四六）年まで行を積まれた行者である。この方の遍歴については、慈音評伝に記しておりますので、そちらをご参照ください。

勉強しなされや。

ところで、第一教主[28]さんの仰せで、あんたを俺にも指導するように云われますので、御手伝する役を致しました。日に五、六分間お話しますから、そのおつもりでお聞きなさい。

（昭和十九（一九四四）年十月四日[29]）

二　滴水の行とは

俺《わし》、円海が師に入門を許されたとき、最初に**二個の水がめ**を与えられ、それぞれに**清水と濁水**を満たせと命じられ、水汲みの器具を賜りました。その器具を見ると、なんと**竹籠**だったのです。これでは水を満たすことは不可能と思い躊躇していたところ、「お前、方法を思いめぐらしても無駄だ。はやく実行せよ」と師に言われました。仕方ないので竹籠についた水滴を注ごうとしましたが、一向に底にたまりません。しばらくすると、師がやってきて、いきなり鞭を打たれたのです。それから、師が数回監視に来るたびに鞭打たれました。

私はその時、（ああ、この師匠は鬼畜よりも残酷だな。師匠のもとを去ってほかの道を求めようか）と思いました。しかし、それでも水を一滴ずつ注いでいきますと、やっと水がめの半分に達したのです。その時です、心の中にやる気が満々とみなぎってきたのです。

（なるほど、不可能なことがあるわけがない）と気が付き、勇気が突然沸き起こってきたのです。久しい時間が経って、やっと清水の水がめは満杯になりました。濁水の水がめの方は、水がめの底に泥土が積もったおかげで、容易に満水にすることができました。師はこれをみて、「お前は、どんな思いをもって水を汲んだのか」と尋ねました。「難行苦行でした」と私、すると師匠はまた鞭打ちました。そうして、こう叱咤したのです。

「お前は、なぜ安行楽行と思って行わなかったのか。一体、誰のために行をしたのか。おまえ自身のための修行ではなかったのか。お前は、こんな無茶を命じる師匠は残酷と思い恨んでいただろう。難行苦行と思ったのは、まだ修行の大切さを知らないからだ。これはな、滴水の行といって、水滴は微量であっても大海を満たしていることを学ばせる行なのだ。よく見よ、善行を意味する清水は、ためるに時間がかかり、悪行を意味する濁水はその半分の時間で済む。つまり、善行は行い難く、悪行は行いやすいものだ。濁水に清水を加えても判明しないが、清水に濁水を加えればすぐに明らかとなる。これによって

28　円海大師がどなたのことを「第一教主」と呼んでいるのかは不明であるが、慈音師に最初に指導をした、という意味ならばミキョウ貴尊であり、位が最も高いという意味であれば教主寛大だと考えられる。
29　（衛藤氏による補足）この時代には大師は肉体を有せられ、チベットの深山にお住まいであった。日米戦開始による日本国内の騒々しさゆえに、チベットに移られたのである。

見るも、悪は表れやすく、善は表れがたいことを知ったであろう」

「よく見るがいい。いま水がめに波が立っていないから、泥土は底に沈み、表面は清い。しかし、これをかき回せばたちまち混濁してしまうだろう。人心も同じようなものだ。有事に遭えば、平静心を失い、混乱するものだ。泥水ならば、砂をくぐらせ、布を通せばある程度清めることができよう。しかし、人の心はいかにして清めるべきか、その方法を工夫せよ。

お前は、わしを残酷と思い、さぞ恨んだことであろう。これは、煩悩より生じるもので、その恨みの思いを祓わなければ、本願の成就は遠いであろう。怨恨の念を祓えば、わしの鞭は慈悲へと変わる。教えるものと学ぶものの心は、これほどの隔たりがあることを覚れよ」

師匠はこのように諄《じゅん》々と説いてくれたので、私は迷夢から目覚め、本然の姿に戻って暁の太陽を仰ぐような心地がして師匠に合掌すると、師は眼に涙を浮かべておられました。師はにっこり微笑み、「会得したか、合点したか」と言って幼児を愛する慈母のように私の頭上に手を置いてくれたのでした。

慈音さん、俺は今も尚、師の面影が残って忘れることはできません。あのときの師の慈愛に満ちた眼光、温情あふるる愛撫の手、ありがたい、かたじけないとかいう言葉では云いたりない。何と表現してよいやら筆舌の及ぶべくもありません。これを忘れぬようにしようと思いまして**喜心録**と題して、一巻の書にして大切に保存しておりますが、その中の**「水滴の法（滴水の行）」**のあらましを、貴下の修行の参考に供したわけです。

喜心録とは、俺の考えでは神に帰るの意味の帰神、又身を棄てる意味の棄身の三徳に通ぜしめる意味**（身を棄て神に帰る喜びの心）**でこんな題名を用いました。今は是でお別れしましょう。真剣におやりなされや。先に楽しみが待っていますぞ。何事も安行楽行ですぞ。そして砂洗布通を忘れなさんなよ。

三　滴水の行の補足

円海翁は、以上のように、誰でも容易に悟ることのできる滴水の行を教えてくれました。感謝しなければなりません。

ここで、もっとも留意すべきことは、**人心は波風が立てば混濁する**ということです。表面的な信仰は、表面の水と同じく、かき回されるとすぐ乱れます。静かに座禅をしていても、一時的に泥土を沈めたにすぎないので、座禅を不変なものにするには、さらに布で心の砂や泥土を濾《こ》して清めねばならないのです。
これを**「砂洗布通」（布を通して砂を洗う）の法**とも言います。では、どうすれば、心の砂や泥土を取り去ることができるでしょうか。皆さんがそしりを受けたとき、腹を立てて相手をそしりかえすと、どうなりますか。それは皆さんの愚かさと恥を広めるようなもので、何の益もありません。

そしりを受けたときは、**それが事実なら自分の言行を改めるとともに、そしりは神よりの教えと思って相手に感謝すべき**ですね。もし、**そしられる理由がないなら、黙って、自分がそのようなこと（そしりの内容）を以後犯さないように注意されたものと思って、相手を非難しない修行を行いなさい。**これは簡単なように見えて、実際は難しいものです。しかし一時の忍耐は、最悪を防ぐことに思いが及んだならば、決して苦痛とはならないはずです。これはほんの一例にすぎず、行法は他に数々あります。すべてこの例にならって工夫してみてください。

言うまでもなく、忍耐は極めて重要な行中の行です。忍耐の行を安行楽行として修養できるようになれば、行法に通達したといっても過言ではありません。平然と行う修行が望ましいのです。平然として忍耐していけば、根源的な悦びの念が生まれるのです。

人の道を歩もうとするものは、第一に忍耐力を養い、闘争を避けなければなりません。この地球は、忍耐力の少ない人種と物欲の盛んな人種との集合ですから、闘争は永遠に絶えることがありません。平和を口にしながら、裏では闘争を行っています。悲しいことではありませんか。

苦労も行もすべて喜びながら行う習慣をつけることです。悦びの念は、安楽に至る種子と言ってよく、喜悦の念をよく育てて果実を結ぶよう努めてください。

（ミキョウ貴尊の講話）

四　修行の工夫――なぜ山にこもるのか

ところで、慈音さんに少し話してあげたいことがあります。それは今も、慈音さんが、私達の修行に対していろいろ不審に思っておられるようじゃから、今日はこれに対して少しお話をして上げたいと思いますのじゃ。

普通の人から見るとなるほど馬鹿々々しく見えるでしょう。また心ある人から見れば自分さえ修すればそれでよいと思うのが行者だとすれば、それは利己主義だとも思うでしょう。そこでこれらのことについて私は少しでも修行の参考にして貰いたいと考えてお話しますのでその心持で聞いてください。

元来、私達の仲間といってはおかしいが、まあ、同志とも言いますか、それが世界中のたいていの国に散在しています。昔と違い現在は相当その数も少なくなっていますが、それでも**小一万**は数えられましょう。ええ、そんなにあるかって！　ハハ、ありますとも、世界中ですもの、狭いようでも小一万人くらいが散らばっていてはどこにおるかは知れません。それに人の往来絶えて無き深山高山ですもの、分かるはずはありません。それに人に会うことを好みませんから直ぐに隠れてしまい、また巧みな業でみだりに行場へは寄せつけませんからなあ。それじゃから行場、道場は容易に見つかるものではありません。

行者の中にはいろいろな人が来ますが、修行半途にも至らず下山する者が多いことは前に申した通りじゃが、修行者でなく隠遁生活をしていた人もかなりありましたが、今ではごく僅少ですけれど残っています。

ところでこの隠遁者と行者とが混同されて誤解される点は少なくないのじゃ。隠遁者の中にもかなり修行のできたものがあって、往来の人に対しては自慢でなくいろいろな魔法を使って驚かすものじゃから、それを行者と誤解するので修行者は迷惑することもあります。それはともかく、**入山者としての第一の要点は、己の欲する一切の欲望を放棄して一切衆生を救おうという望みを立願せよ**と。これが最も大切な法則です。

慈音さん。分かりますかな。自分と云うものから離脱して人類ばかりでなく一切衆生を救おう。いやいや、一切衆生のため犠牲となろう、犠牲としていただこうという大願を立てて入山を許してくれと、まず誓詞を納めるのです。

それで入山を許されるかというとそうじゃない。それからが難行です。まず一まわり（七日）の断食をさせて、それがすむと翌日は弁当を持たせて薪取りにやり、彼が空腹に耐えかねて食事しようとする時、一人の乞食をつかわして彼の弁当をねだる。これを快く施すと今度は法力で猛獣をつかわして彼の肉体を食おうとさせる。これも恐れず肉体を餌食にさせようとするだけの覚悟あるかどうかを試し、それを通過すると一人の賊をつかわし剣を彼の胸先に突きつけて生胆を取ろうとさせるような数々の試験を行い、その全部が通って初めて入山が許されるのです。

慈音さん！　どうじゃな。貴下も一つやってみる気はありませんかな。まあ、想像してもみなされ。想像するだけでも身の毛がよだつじゃありませんかな。それだけじゃない。それから先の修行がとても貴下方の夢想もできないきびしさじゃ。こんなつまらぬことを何のためにするのかとさえ考えることは、二度や三度じゃありません。山を離れる者の多いのも推して知られましょう。

しかしこれ位の修行で挫折するようでは、一切衆生の救済などとは思いもよらぬことです。だから歯を喰いしばって肉をさき、骨を削って修行する外はありませんのじゃ。人間の煩悩はこれ位しなくては抑制できぬものを、慈音さんなどは仕合わせじゃ。貴尊の御慈悲で日々少しずつでも取り除かれて行くのは何と有難いことでしょう。しっかり励みなされや。それから私は今も肉体を娑婆に置いていますので[30]これも不思議に思うことでしょう。いかにも往生際が悪いと思うのも無理はありませんが、これには深い訳があります。そこでその理由について説明しましょう。

（再び円海大師の講話）

五　大智順歩の法——一切衆生のために

決して生命が惜しいのでもなければ、娑婆に未練があってでもありません。又不老不死の勤行をするのでもありません。先刻も話した通り一切衆生のためといいますと、貴下方はお思いになりましょう。郷に居て人交わりをしていてさえ人類のために尽くされないのに、深山幽谷に遁世していて一切衆生のためなどとはどうしても合点が行かぬ。また、いかなる通力自在の術《わざ》を身につけても、科学理論から説明できないというだろう。けれども、それは何も知らない人の考えで、事実はできるのです。それなればこそ修行するのじゃ。

私達の同志のすべては、大半は**縁の下の力持ち**を喜んでやっていますじゃ。娑婆に住む多くの人はもちろん、鳥獣にまで救いの手を差し伸べていますのじゃ。朝起きてから夜眠るまで、すべての業を衆生のため祈りつづけて休む隙とてありません。ところが中には隠遁していろいろな魔法を会得した輩《やから》で、これを邪魔するものが多いのです。これらの障碍を除去するには余程の技量が必要ですから、有力な行者を養成しなければなりません。そこで私たちは今少し生きていて修行者の養成に努めなければならぬというわけなんです。

そりゃもう天界に昇らしていただいてからでも、貴尊方のようになれば、下界におると同様じゃが、私等にはまだまだそれは許されません。そこで余儀なく肉体を下界に置いておるわけです。お笑い下さるなや。私も修行は決して怠ってはおりませんぞな。

オオ、何ですって？　衆生を救うとはどんな行いをするのかって？　貴下は今日本の政治家が国民のために種々様々の法を講じて政府から県庁へ町村役場へと命令を下しているのをご存じでしょう。それは電報とか、電話とかあるいは文書とかで伝達するのですが、この方法に似

30　この講話は、円海大師の昇天前になされた。チベットの深山にてお住まいであったという。講話当時のご年齢はおよそ百八十歳であられたと記録されている。

たことを私等の同志もやっています。

これを名づけて**「大智順歩の法」**と云って、即ち大なる智慧に従いて進むの意味なんです。この法は智慧から智慧に伝えますので、ちょうど電話や電報、文書通信に等しいものです。これによって行者同士の連絡は充分に果たされ、論議も充分交わすことができて不便を感ずることは決してありません。座していて千里の遠きも一室にあると同様なんですからなあ。

そこで論議が一決しますと、これを天界に報告して是非の批判を仰ぎます。良しと仰せらるれば直ちに実行に移し、悪しとの命なれば直ちに撤回します。

世界の人心に及ぼす影響は様々の変化を現し、その向上を計っておるのですが、ここに不届きな行者が邪魔をしてその向上発展を妨げるのでこれを排撃するためには一通りの労苦じゃありません。とかく人間は肉体の安楽を求めていますから、どうしてもその方には傾き易いものですから、そこをねらう不届きな行者には苦しめられますのじゃ。

慈音さんも気をつけなければなりませんぞ。貴下の方にも手は延びて居ますから油断はなりません。貴尊方の守護あるにかかわらず、それでも慈音さんがぐらつくのは、彼ら不届きな徒《ともがら》の仕業ですから、そんな時には静に貴尊方の胸におすがりなされや。

六　大愚の泰岳《たいがく》さん

慈音さん、私がこの前「滴水の行」の話をしましたとき、[31]貴下に話すことがあると申しましたのを、今これをお話しして参考に供しましょう。

このお話は私が修行中のうち最も印象の深かった事柄を記録して、弟子達の教訓に残しておいたもので、書物の題名は『**大痴大覚**』と書きます。

どうしてこんな題名を択んだかと申しますと、私の先輩に**泰岳**という人がありまして、生まれつき愚か者でしたが、子供の頃から寺の参詣が好きで、夜が明けると寝るまでブツブツ言いながら拝むので、寺に頼んで出家させようとしたが一月足らずで断わられて、望みはかなわなかったと云うほどの愚か者だったのです。

ところが、私の師の坊が、修行の途中でこの子供を見て何か思いあたることでもあったものか、徒弟として山に連れてかえったが、「オン、アビラウンケン、ソハカ」[32]を教えるのに一か月を要したと笑っておられました。それだけでも愚かさの程度はおわかりじゃろう。その愚かな泰岳さんが大悟を得たと言えば、慈音さん、不思議とは思いませんかな。

31　本章第一節参照。
32　真言密教において、大日如来に祈る際の呪文である。泰岳大師は密教行者ではないが、行者道では方便として、種々の呪文が用いられるという。

ちょうど私が入山を許された頃には、泰岳さんは徒弟中の上位に置かれて他の弟子達に法力を伝授しておりました。見るとその業の優れておるにはただただ驚嘆の他はありませんでした。「霧開きの法」をなすにも、普通は四、五間位[33]より以上は払えませんが、彼が払うと六、七十間[34]は払うて霧が急にふさがらないのには初心の私は眼を円くしたものでした。彼は師のいわれる程の愚か者だったろうかと、師の坊を疑う程でしたが、大日経一巻をおぼえるのに十一年かかったと聞きましてはなるほどと思いました。

師の坊の言われますには**「彼は心の者でなく、魂《たましい》の者じゃ」**と。師の坊が初めて彼に会った時、その合掌しておる姿に心ひかれて徒弟にしたということです。彼は小柄でちょうど慈音さん位の人でした。

それなのに彼の警蹕《けいひつ》の声[35]と来たら実に素晴らしいもので、どんな猛獣でも尾を巻いて逃げてしまうという実に物凄いものでしたから、たいていの人なら気絶してしまいます。徒弟仲間ですら震え上がったものでした。また、食事でも徒弟の一食分が彼の二食分なのに、彼は肥満しており健康は人以上に優れておるのじゃから不思議な身体の持主です。

七　物は活かして用いよ——泰岳さんについて、師の坊の説明

師の坊が言われますには、法としてはわしに学べ。しかし正しき信仰は泰岳に学べとなあ。同じ呪文を唱えても彼のような効果はありません。彼は法力を行う時、軽く呪文を唱えているだけなのに効果が顕著ですが、他の者が力一杯気力をこめて一生懸命やっても彼の半分にも及びませんでした。

私は彼に訊きました。「貴下は何が一番嫌いですか」と。すると彼は即座に、**「わしは殺生が大嫌いじゃ。他に好きも嫌いもない」**と言われました。そこで私は、「では貴下は殺生しませんか」と念を押すと、「決してせぬ」と言いますので、それでは「日々の食事は殺生ではないのですか」と、彼を試すつもりのいたずら心でからかい半分に訊いたことが、私にとっては生涯修行の一大教訓となろうとは夢にも知りませんでした。

慈音さん。彼は何と答えたと思いますか。こうなんです。彼は真面目になって私を睨みつけて重い口調でこう言いました。

「お前は食事するのを殺生で食うのか。そんなことじゃから、わしの倍も食ってやせるのじゃ。

33　一間は約1・82メートル。四、五間は、およそ7～9メートルである。
34　およそ110～130メートル。
35　天皇や貴人の通行のときに、人払いに用いる大声のこと。ここでは大喝一声の意。

なぜ物を活かして食わぬのじゃ。死んだものでもまた活かせ。生きたものなら死なせぬようにして食え。死んだものを活かして使え。わしは殺生は嫌いじゃ。殺生する者はなお嫌いじゃ」と恐ろしい権幕で睨まれた時は、さすが図々しい私も彼の前に頭を下げない訳にはいかなかったのです。

私はそのことを師の坊に申し上げますと、師の坊はしばらく考えておられましたが、何を思われたのか、全部の徒弟を集めて彼らの錫杖《しゃくじょう》を一ヶ所にならべさせ、「泰岳よ、この中にあるお前の杖はどれじゃ、そこから指して見よ」と言われますと、彼は立とうとも見ようともせずただ大声で、**「杖、来い、杖、来い」**と二声言うと、一本の錫杖がすべるように彼の手元に行きました。彼は静かにそれを師の前に「これでござります」とさし出しました。師の坊が姓名を見ると、杖には彼の名が確かに記されております。

他の弟子達はこれを見て泰岳は師の前をもはばからず魔法を使ったとさわぎたてるのを師の坊は、手を振ってこれを止め、「お前たち、静かにせよ。泰岳が魔法を用いるならばわしは許さない。さりながら今彼の行ったのは決して魔法ではない。真実である。今の現象を見て泰岳の言葉[36]はわかったから、わしが彼に代わってお前たちに説き聴かせることとしよう」

「わしがみるところ、彼の法力は決して優れてはいない。むしろお前たちの法力のほうが優れている。しかし、効果の点に至ってはとうていお前たちは及ばない、それは彼の天分のなせるものだろうとわしが思っていたのは誤りだった。それをわしは彼の言葉によって知ることができた。彼はすべてを活かして用いておるのだ。言葉も呪文も活かして用いておるのだ。お前たちの行法は活かそうとして業を行い、彼は最初より活かして用いている。**いかすと、いかそうとするとの相違**はこれほど隔たりあるものかとわしも教えられた。いきたる行、いきたる呪文、さては言葉に至るまで彼はいかして用いておるのである」


「泰岳については、もう一つ話がある。ある日、道場に宿を求めに来た行者がいた。行者が夜、荷物の中より尊像を取り出して勤行礼拝しておるのを、泰岳はいぶかしげに眺めていたが、勤行が終ると、行者にむかって言った。

『その像は神の造ったものか、人の造ったものか』と。行者はしばらく呆然としていたが、おもむろに口を開き、『お前さんも修行者なのになぜそんな質問をするのか』と。

泰岳直ちに、『私も行者であるからこそ聞くのだ』と。修行者曰く、『神の造った尊像だと言

36　ものを活かす、という泰岳大師の言葉。

えば、お前は何と答えるか』。

泰岳、『そうであるならなぜ生を享けなかったかと訊きたいものだ』。

行者はいぶかって、『どういう意味じゃ』。

泰岳、『その像は死んでいるから、そう言ったまでじゃ』と答えた。行者は色をなし、『この像を死物とはよくもぬかしたな』。

泰岳、『死んでいるから死物だと言っただけだ。もしも尊い像ならば、我にそのしるしを示してみせよ』」

師の坊が続けて言うに、

「行者曰く、『お前が、死物と公言するならば、まずしるしを見せよ』。

泰岳、『訳もないことじゃ。わしが二十間[37]をへだて警蹕の声を出してみても、尊像に異状なく、わしの身に異状を与えれば、その像は活きている。されどその像、飛散するならば死物と知れよ』と言って、彼は二十間余も離れた場所より警蹕の声を放ったところ、像は飛散し、行者もその場に倒れてしまった。行者はその像を地上にたたきつけてその夜下山したという。

この話をかつて他の徒弟から聞いたことがあったものの、あまり心に止めていなかった。しかし、いま思うところがある。**泰岳はすべての理論を超越し、宇宙を己自身として自分の手**

足のように働かせておるのがわかった。神は泰岳のような者を娑婆に下ろして神の道の神髄を一般に示されたと思うのだ。お前たちは、信仰の法を、彼を手本として学ぶべきである」

八　考えを超越せよ

慈音さん。分かりますかな。総じて世の中の事柄は知らねばなりませんが、とやかく論議している間は成り立つものではありません。**論議を超越したところに本当の真実が発見されるのです。**悟りというのはここなのです。泰岳が「死んでいるものなら活かして働かせ。わしは殺生は大嫌いじゃ」と言ったのは、霊心超越しておるからこそ、この行いがなし得られたのです。世の中の人は生きておるものを死なせて使う主義だから殺生になり易い。そこで喧嘩口論の絶え間がない。果ては戦争という悲惨事が持ちあがる。これらは生きておるものを殺して死なせて使うと云うことになるのでしょう。慈音さん、そうは思わんかな。

もとより物事は道理を知らねばなりませんが、ああだ、こうだと考えておる間は、道は得られるものじゃない。ものは活かして使え。廃物利用せよと言いますが、そんな考えは未だ悟れたとは云えません。何故なら廃物を利用しようという観念に囚われて、廃物でないものまで、

37　およそ36メートル。

廃物にする間違いを起こすからです。つまり廃物を利用しようとして、生きたものを殺さねばならぬようになるからです。

私、円海は泰岳に訊いたことがあります。「貴下はいつも何か考えていますか」と。するとと彼は不思議そうな顔をして、「闇戒（円海）、考えるというのはどんなことか、わしには分からん。教えてくれよ」と言われて私の方がびっくりしました。そこで、「眼からものを見たり、耳から聞いたりすれば、それに対して考えはあるではないか」と訊きますと、彼はまた、「眼で見れば見たままだし、耳に聞いたら聞いたままでよいではないか。身体で聞き、身体で見、身体で匂い、身体で食うと、美しいとか、汚いとか、うまいとか感ずるが、これをとやかく思うようなことは少しも無い。そんなことを思うておると神様をお留守にするよ」と。それを聞いてまた教えられました。

慈音さん。どうじゃ。分かるかな。これで全く彼の信仰の強いことが分かりましょう。彼は全身を耳眼口鼻にしておるのです。

だから彼は問えば直ぐに答えます。彼は私達のように多くの言葉を知りませんが、彼にものを尋ねると言葉でこそは説明しませんが、ただ眼をぱちくりさせるばかりじゃが、それでこちらに返事がわかる。即ち**無の言葉**ですな。彼は宇宙を己となし、己を宇宙としておるのでしょう。

そうして彼は脳中にないらしく、他の弟子達が論議を戦わせていても彼は一言半句もくちばしを入れず、貴様達は何を言うておるかというような、そんな顔もしていません。誰かが審判を求めると、「わしは知らぬ。師の坊に訊け、理窟の言い争いするくらいならどちらにも理窟があるからだ。理窟のないところまで談合したら理は見つかるだろう」と言って、決して取り上げず、「わしは忙しい」と言っていましたが、それでも彼に訊くと何か言っておる言葉の間にみなが教えられたものです。大悟の力は実に偉大なものじゃありませんか。

それから、「神様はどこにいるのか」と訊きますと彼は、「ウン、いつもわしを抱いたり、負ったり[38]、手を引いたり、玩具で遊ばせてくれたり、御飯を食べさせてくれたり、夜は寝かせてくれたり、眼がさめると神様はわしを抱いていてくれるから夜でも安心して眠れるのじゃ。お前達も同じじゃ。いたずらすると叱られるぞ」と。

慈音さん。どうじゃな。彼のおかげで救われた者が数知れずありました。今は彼もコーセイ・ミキョウ[39]で働いています。

38　背負ったり、との意。

九　邪に陥るな、盗むな

私の弟子達に残した『大痴大覚』という書籍の概略はこんなことじゃが、これに加えて少し私の添えたいことを話しましょう。泰岳さんは殺生を戒めましたので、それで私は**邪淫戒**と**偸**《ちゅう》**盗戒**《とうかい》を語りましょう。

邪淫とは男女関係とのみ考えておる人は多いようじゃが、これは大違いです。邪淫とは**「よこしまに陥るな」**ということをみだりがましい色慾に例えたもので、己が天より授かった使命を果たさず、肉体の安楽のみに囚われてその日その日を空しく遊び暮らし、他人の働きの邪魔をするような人は邪淫戒を破る人で、世の中から爪弾きされるのはあたり前じゃ。つまり指弾という罪を受けるのじゃ。

慈音さん、日本の政治家や富豪家にはこんな連中は随分ありますな。いや、学者、宗教家にも多いから国民も邪淫家が多いのじゃ。困ったものですな。しかしこれは宗教家、教育家たちの誤解から生まれたとも云えましょう。

それからまた偸盗戒じゃが、これは人のものを盗むばかりが罪じゃない。もっと大きな盗みをしておることに気づかずにいる。金品を盗めば牢獄の苦を受けるのに、戦争で他国の領土を略奪してもそれは刑罰にせず、かえって賞与を受けておるじゃありませんか。こんな矛盾した理論は訳が分かりません。人間の規則にはこんな間違いがあります。私の云う盗みとは**「人の心を盗むな、人の良心を奪うな」**ということです。

世の中の人にはこの手の盗人が実に多い。善良な人の心を盗んで悪人に堕落させるという盗人が多いのは罪とは思いませんか。人に恵み施すとは金品ばかりじゃない。飢えたる心に養いの宝を送る。これは大きな慈悲というものです。慈音さん、そうは思わんかな。こんな盗坊は神様から処罰されるのは当然です。

慈音さん、あんたも殺生戒はもとより、こんな邪淫戒、偸盗戒を起こさぬよう気をつけて下されや。兎にも角にも、ものを活かすということが大事ですぞ。

39　円海大師は昇天後、「インショウ・ミキョウ」の座についたが、泰岳大師はそれとは別の位に置かれている。「ミキョウ」という職位の中にも種類があるのであろう。

第五章　日本国民よ、よく聴け！

一　日本降伏とアメリカの策略

慈音が病床で苦しんでいる間に、日本は降伏した。実に日本国の政治家は賢明なる人揃いであることだな。アメリカの利己主義を嗤《わら》ったのは誰だったか。ドイツの降伏に憤慨したのは誰だったのか。皆の正しき友は政治家の口車に乗せられて空しき屍となった。

これらに対して政治家どもは唯一言申訳なしと口先ばかり、ある者は公衆の面前にて空涙、まことに日本の政治家どもは名俳優で演技が巧みである。状況不利と見れば首を縮め、利と思えば頭を突き出して恥を知らぬ輩もいる。斯かる者の支配下に左右される国民にあっては、いつ永遠の平和が望まれるというのか。

我らは、「葬礼すみての医者ばなし」という言葉もあるから多くは語らぬ。されど国を思う国民の目覚める時は今であるぞ。**自己一人、いかに思っても仕方ないなどの引っ込み思案を棄**

てよ。「一犬嘘に吠えて万犬実を伝ふ」の比喩もあることだ。**たてよ！**　そして一丸となり和心協力、一塊の気光素の風を作り、かの黒雲を吹き払えば赫々《かくかく》たる太陽は皆の頭上に輝くだろう。そして明朗なる日本晴れとなせよ。

今後、誤った外国思想が次第に輸入されたならば、国民は鳥もち[40]のような人種になり、自立することができなくなるだろう。地上に叩きつけられた鞠は跳ねかえって手に返る。**皆は叩きつけられた鞠ではないか。張り切って跳ねかえれ！**　決して弾力性を失ってはならぬ。日本政府の首脳部は、アメリカの甘言に欺かれ、国民を身動きならぬはめに陥れつつあることを自覚せよ。アメリカは、高枕で安眠しようとして、日本人の根絶を謀っていることを決して忘れてはならない。百年、二百年と計画の手を緩めないことを深く深く肝に銘じよ。日本国民は、現在進めている連合国との諸協定を寛大な処置だと誤解して気を緩めてはならない。もしも気を緩めて自分だけの保身を計り、国民が団結せずバラバラに生活するようになれば、まんまと敵の術中に陥ってしまうぞ。日本の国民は、眼に見える刀をかわす術は知っているが、見えない刀には無関心でいることを、深く深く肝に銘じて忘れるな。

40　鳥や昆虫を捕獲するのに使うゴム状の粘着性の高い物質のこと。

日本国の敗戦は、為政者の責任ではあるが、皆も責任を免れることはできない。なぜかと言えば、自分のような力不足のものは動けないと言いつつ、勝手気ままな行動をとり、買いあさり、売り惜しみして戦争に乗じて儲けようという不心得者も出てきたではないか。まして、軍人の中に売国奴もいたと聞けば、戦慄せぬ者がいるだろうか。ほかに、国を売った政治家、学者、宗教家なども数えれば切りがない。こんな有様では、戦争に勝利を収めるのは、木に登って魚を求めるより難しいのは当然である。だから、国民の皆も、罪を免れることはできないのだ。

如何なる方法によって祖先に申訳をなすべきか。方法は他にはない。建設に当たっては、先に教えた四線の法則、すなわち破壊、分解、融和、組織の順序を踏んで行うのがよい。日本は、敗戦によって**破壊の時代を完了**した。**今後は、分解の時代**となる。この分解の時代が最も大切であって、これを間違えば再び破壊を招く恐れがある。今日までの体験を斟酌《しんしゃく》して熟慮に熟慮を重ね、長所をとり短所を捨て、諸国との融和を図って、もって八紘一宇の真の日本を建設すること、これが日本国民の進むべき道であるぞ。

（テッシン貴尊の講話）

二　円海大師、日本の敗戦を語る

慈音さん。円海です。暫く振り[41]に会いますね。

貴尊の許しを得たので、以前の続きでお話しましょう。あんたとは一度面会した[42]ばかりですが、何となく親しみが深い。音楽の共鳴とでもいうのでしょう。

慈音さん。敗戦後、変りはてた日本の姿、今更ながら夢のようですなあ。まあまあ是非も無いことじゃなあ。建国わずか二千六百年、夢を見たにすぎない。さてこうなると妙なもので今まで何か知らず、縛られて居た束縛が切りほどかれて、どこへでも勝手に行きたい所に行けと云ったような形でちょっとまごつきましょう。しかし、**ここが大事なところ**じゃと私《わし》は思います。初めから勝てない戦争をしたのだから、敗けた暁はこうしようという計画をたてていたら、こんなまごつきはしないでもすんだものを、ただ勝てる戦と思いこんでいた人の方が多かったようじゃなあ。

どうして勝てると考えたかときくと、日本は昔から戦争に敗けた事はない。それに米国は寄

41　未知日記原文によると、円海大師からの通信は、およそ二年ぶりのことであったらしい。しかし本書では、編集の都合上、円海大師の講話の掲載順序が少し前後している。
42　慈音師と円海大師は、昭和八（一九三三）年に吉野山中で面会を果たしている。

り合いの国で一致の力に欠けており、又出鼻をくじかれると勇気を失って案外もろく、わけてもドイツと云う強国も加わっておるから訳もなく勝てると思っていた人が多いようだったし、それに軍人が何でも一度は日米戦争を戦って見たくてたまらなかったようだ。若い将校達の元気とこれを尻押しする無法どもの上官等が、己の栄達を計ろうとする策略だったからたまらない。

これらの人達も勝てる勝てると思い込んでいたらしい。国民はただ引きずられていただけでどうすることもならず、大和魂とか一致協力とかいっても、食わずにいては戦争が出来ない、負けても勝ってもどちらでもよいから、腹一杯飯が食いたいといった形、これでは戦争も何もあったものじゃない。だから負けても国民は余り嘆かぬではありませんか。かえって爆撃がなくなって嬉しいといった有様ですからなあ。

天子様も国民からは見放された形となり、その上どちらかと言えば、重臣どもは財閥に重きをおいて天皇は財閥の利益のため便宜上敬うというにすぎず、このような有様だから陛下も御自分の手腕を振う道は全く断たれてなすすべを知らず、自暴自棄に陥っておられるのは実にお気の毒ですが、これも大正時代の政策の過誤に起因しておるので是非もなきことです。まあまあ**これからが大切**です。貴下もまだ少しは生きていられる限り修行して人間界に、大きな遺産を残すよう勉強を祈っております。

私《わし》は今の日本、今後の日本が多弁鳥、おしゃべり鳥の姿[43]じゃないかと思いますのじゃ。まあ考えても見なされ。民主主義、共産主義、社会主義、自由主義等々、おしゃべり鳥が集って今の日本と云う小さい森の裡でベチャベチャとまこと、そらごとをしゃべり散らし、まだそれでも飽き足らず、婦人までも飛び出しての乱痴気さわぎ、それに今日は昼餐会、それ晩餐会と自分は働かず手あたり次第にあるものを食い散らすという実に、始末に悪き鳥どもじゃありませんか。女は男と同じ仕事をすると、家を整え子供を養育する働きといった余計な仕事をしなきゃあならぬ。して見るとそれだけ女はわりが悪いと愚痴をこぼすようになりましょう。

慈音さん。貴下は、そうは思わんかな。それに男女同権で女にも参政権が与えられたと喜んではしゃぎまわる女達の馬鹿さ加減、今の女はそれが偉いと思うておるのはおかしい。今少し経てばきっと不平を唱え出して、男にも御産をせよと云い出すかも知れますまい。ハハ……。

慈音さん。**男より女は一段上位にあるべきはずじゃと私は思うが、男女同権となれば女は一**

43　本書には掲載していないが、セイキョウ貴尊は原文において、おしゃべり鳥の例話を紹介されている。概略を記すと、昔、その減らず口で人間を困らせたおしゃべり鳥たちが、自らの軽口によって、最後には身を滅ぼしたという話である。何らなすべきことをせず、口ばかり働かせることへの戒めとして紹介された。

等低下したことになりますじゃ。 慈音さんでも私でも育ててくれたのは母親じゃなかったかな。父親も育ててくれたには相違ないが、それは生れてからのこと、胎教はしてくれなかったはずじゃ。そうじゃないかな。慈音さん。だから**女は無智無能であってはならぬ。**広く学んで博学多才の修養、修行が大切じゃ。そうでなければ立派な人間は生れない。

こんな分かりきったことに心を止めず、やれ政治が、やれ婦人の待遇改善とかガヤガヤおしゃべり鳥の如く時間つぶしをして、現在さしせまっておる**子女の教育**を考えず、また**婦人教育**の道をなおざりにして女が政治家になったとて、それが果して日本の将来のため益するかどうかは問題ではないでしょうか。そんなことを考える暇があるなら、そんな饒舌《おしゃべり》をする暇があるなら、少しでも自分の仕事の勉強しておしゃべり鳥の仲間入りなどせぬことじゃ。でなければ今の日本の森は枯れてどうすることもならぬようになりますじゃ。

おしゃべり鳥は口賢くしゃべるばかりで能はない。遊んで食って太平楽をならべたがるはおしゃべり鳥の本性じゃ。そんなものの仲間入りをしていたら、しまいには追い出されて喧嘩を始めて身を亡ぼし、根絶の憂目を見なければならぬはめに陥りますじゃ。それでなくとも米国は日本種の根絶を謀っておることに気づかぬようじゃが、私はこれを案じますよ。鸚鵡《おうむ》や九官鳥にならぬ用心が肝要じゃと思います。慈音さん。そうは思わぬかな。

三　敗戦後の日本の姿は

見てみよ[44]。敗戦後は陰気と殺気が立ち込めて、これまでの輝かしい気風（気光素）は見る影もなくなってしまった。これは、古来敗戦国の習性であって、予期していたことであろう。

時勢の変転をよく観察してみよ。戦時期には皇室中心主義を看板にして国民の血を吸っていた政治家が、十年後の今日[45]どうなっているか。己の知名度を生かして様々な党派を雨後の筍のように生んでいるが、皇室崇拝の念は衰退の一途をたどっているではないか。それは、彼ら悪徳政治家が国家を愛するのではなく、自分だけの利益を計っている結果にほかならない。

したがって、日本国はますます混乱し、弱肉強食の世となり、悪思想がはびこり、風儀は乱れ、混血児が増加し、勝手気ままな主義主張に引きずられ、固有の日本精神はまったく影を潜め、利己主義、利家主義と変貌して、国民は空気の抜けたゴムまりのような人種となり、未来を考える者もなく、そのときどきの安逸を求めて少しも恥じない人種となっていく。心ある者は嘆くものの、彼らの苦言に耳を貸さず、甘き言葉を喜ぶ結果、心ある者は僻地へ避け、享楽

44　これは、宇宙に備わる五つの霊鏡（五大鏡）のうち、因果を映す第三鏡に映った日本の姿を、貴尊が慈音師に見せている場面である。なお、この五大鏡の詳細については、第六章をご覧ください。
45　「十年後の今日」というのは、あくまでも第三鏡（因果鏡）に映った、戦後十年の日本の様相である。この講話自体は昭和二十（一九四五）年の八～九月頃になされた。

者あるいは悪思想者のみ集合して一町一市をなすに至る。もともと意思が薄弱な日本人は、こうしてますます弱くなってしまった。敗戦後十年にしてこのざまである。

だが、慈音よ、これにいらだって悲しむことはない。**二十年後の日本の姿**に目を向けよ。暗中にあって**一縷《いちる》の光明**が差しはじめた。そして**戦後三十年の頃**には、戦時に小学校にて学んでいた者が中年に差し掛かり、活躍を始め、**日本の姿はやや立ち直る**のである。

恐るべきは、道を誤った共産主義運動である。ソ連の頭領が死んだ後も、後継者は方針を変えて悪辣《あくらつ》な姿を現すようになり、米英仏等の諸国も対策に腐心して、一戦を交えようと謀るに至るのだ。それまでにも、両陣営の間で小規模の戦争が絶え間なく起こるだろう。この他、米ソなどの様子を詳細に鏡に映したいけれども、本筋から逸れてしまうので省略する。

慈音よ。我らがお前に教えていることは決して無意義ではないぞ。お前はこれを天界から見るであろう。我らの教え（未知日記）は次第に普及され、一部は削除、加筆がなされるとはいえ、原本はそのまま残されるであろう。**各国は奪い合ってこれを読み、東洋は東洋人に、西洋は西洋人に委ねないことには永遠の平和は望まれないだろう、との声が**喧《かまびす》**しくなり、また日本を滅ぼすな、との声が、次第に起こってくるだろう。**

慈音よ。お前の努力は決して無意味ではないぞ。悲観せず、気力を落とさず、教主の命に従い、命のある限りその教えを学び、内外に発揚せよ。どんな苦難に遭おうとも自殺などの犬死をしてはならない。ただ、堕落の一途をたどっている日本は三十年後になっても、まだ目覚めないものが多く、優柔不断な生活を続けるだろうから、そのことは覚悟しておくがよい。

四　神ながらの道を基礎とせよ

日本人は、いま人間性を捨てて動物性に化しつつあるため、日月の光が暗いのである。**簡単明瞭な教え[46]があるにもかかわらず、日本人は他国の宗教を尊び、かえって自己を滅ぼしている。**その無知さ加減に我らは慨嘆するものである。それは、多数の文献として整理されていないため、灯台下暗しとなって日本人が知らないでいるのは是非もない。しかし、これらに対して早くめざめて、神ながらの道を基礎として多くの文書を著してはいかがか。

私がこのように語ると、慈音は欣情[47]に向かって、「現今の憲法に天皇を象徴として残してあるのはせめてもの幸福だ」と語っているのが聞こえてくる。しかし、我らの眼からみると、そ

46　日本の天皇宗教の教えのこと。詳しくは第八章第二節をご参照ください。
47　慈音師の側近の衛藤欣氏のこと。慈音師のもとでは、「欣情」という名で修行を始め、後に教主から「慈声」という名を授かっている。

れは政治を預かる大臣が己の権威をほしいままに行使しようとするたくらみから残したまでであって、天皇は影の人としてとどめているにすぎない。

もしも、日本が政策を誤り、ロシアの手に落ちてしまうと、天皇の影はたちまち失われてしまうこともあるだろう。その後の日本はどうか。実に危ないことではないか。よしんば、日本がアメリカの管轄下に置かれたとしても、日本は独立国のように見えても、事実は、彼らの足元にひれ伏すほかないであろう。

このような事態は、魂の失われた動物性の政治によって世を建設しようという愚をあえてしているわけであるから、結果的には日本再建ではなくますます退歩の姿に変わっていくことであろう。かかることでは日本再建は思いもよらないことである。いや、日本だけではない。世界の平和は、前途遼遠であることに心せねばならない。

（以上第三、四節は、テッシン貴尊の講話）

五　教主寛大の激励――日本国民よ、よく聴け！

古来三千年の歴史を有する日本は、「天壌無窮《てんじょうむきゅう》の神国なり」と自称、自尊してきた。他国も信ずるあり、信ぜざるあり。あるいは嘲り嗤う国もあったが日本人は意ともせず、神国を看板のごとく旗章《きしょう》のごとく、掲揚《けいよう》してきたのである。

ところが、今回の戦争で初めて敗退するに至った。期待していた神風も吹かず、むしろ神風は敵国に有利に吹いた感がある。こうして、「神の国」の看板は火中に投じられてしまった。

では、「日本は神国」というのは、嘘なのか。いやそうではない。神の国を日本一国に限定するなら、それは神の徳が足らない、というべきだ。全宇宙は、全世界は、神の支配を受けているのだ。どうして一孤島にとどまることがあろうか。


日本国民よ、よく聴け！　わが言葉を聞いて反省し、今までの誤った心得を悔い改め、本当の意味での昔の「神国」となさしめよ！


そもそも昔の日本国民は天孫の教えを疑わず、決して反《そむ》く者はいなかった。神を恐れると敬うとの念はきわめて篤かったのである。しかし仏教の伝来によってこれが次第に破壊の一途をたどり、儒教の教えも加わって神の教えを守るものはきわめて稀となった。神社は僧侶の兼任時代さえあったのである。このように荒《あら》びた国を神国と伝道して何の役に立たしめようと計っているのか。国民を欺いて戦乱の渦中に踊らせて犠牲としようとの策略であったのか。

軍人や官吏、華族の中には、実にあきれ果てた不心得者がいるのを私は知っている。立身出世しても天皇がいなければ国民に尊敬されない、位階も役に立たないとして天皇をやむなく目標としている有様である。神に対しても同様に一種の目標として拝んでいるのだ。

つまり、**軍人は戦死すれば神としてまつられて尊敬されるであろうという理由で拝む神にすぎなかった。**大衆もこのことは百も二百も承知で、大臣も大将も眼中になく、ただ金儲けさせてくれる人を尊敬し、「無形の神など何をなす力があるのか。見よ！　神社仏閣は破壊されても何らなすことを得ないではないか」と豪語し、暗商売は公の秘密、あるいは秘密の公に行って、己金銭あることを手柄顔に他人に語って誇りとなした。

「喰わずば働けじ。餓えては国も天皇も我らのあずかり知らぬところ、金儲けさせる神ならば祀ってもよし。そうでなければ、必要なき神など拝む暇があれば買い出しに行こう」というのが、戦争下の日本の姿である。

汝ら、日本人よ、よく聴け！　諸子は、「君は親、臣は子」とか「水魚の交わり」とか唱えていたが、それは、本当の腹の底から出た言葉ではなく、無責任な形容詞にすぎなかったことを恥ずかしく感じないか。「敬神愛国」という文字を消して、「棄神愛食」の文字に代えよ。

本当に君民一体の境地であったなら、このような憂いはなかったが、君と民が分離してしまった結果、今日の悲惨な事態を招いてしまったのだ。それにもかかわらず、まだ反省の色を見せないのはなんという愚か者であることか。今に至って原子爆弾の研究とは科学者は耄碌《もうろく》した

今少しおちつけよ。考慮せよ！お前たちは叩かれたが、一足ずつアメリカに先を行かれているのに今なお目覚めないのか。アメリカは原子爆弾より一層怖ろしき計画を謀り、民衆を悩まそうと、**甘き蜜の毒薬**を調合なしつつあることに思い至ったならば、**理化学者は大なる使命がある**ことを私は注意しておく。

人体に譬《たと》えて、「頭が君、腹が臣」であると考えると、君臣の道は自ずと了解されるであろう。諸子は、空腹に耐えかねて、頭のことを考えず、動物畜生にも劣る餓鬼道に陥り、「日本は神国だからやがては神の力が加わることだろう」と期待しているが、あまりにも不憫な事よ。しかし、神は諸子のような不孝者にも恩恵を垂れて目覚めさせようと計っておられる。**汝ら、古き昔に還り、真に正しい神の国日本を建設せよ！**

「八紘一宇」とは侵略することではなく、領土を広めることでもない。日本が地球の支配権を握れという意味でもない。アメリカを世界の首領の国にしようということでもない。自然の徳に順応し、国民はその分を知ってその境涯に安住し、尊ぶべきを尊び、憐れむべきをいたわり、愛すべきを愛して相和して争わず、大平和、永久の平和を完成することを「八紘一宇」というのである。

天皇と国民との離ればなれの政治は、頭と腹の統一を欠いたために滅びたのである。破れたのである。神風の吹かなかったのも、当然ではなかったか。また君が従臣の声だけ聴いて、真の国民の声を知らずして、どうして国が安泰となる道理があろうか。よくよく反省し、考慮せよ。

第六章　すべてを映す五大鏡

前章では、敗戦後の日本、世界がいかなる変遷を見せるか、という講話がありました。これらは宇宙、ひいては人の魂魄《たましい》にも備わる霊鏡に映ったものなのです。未知日記では、**第一から第五まで五種類の霊鏡**があると説かれます。それらを総称して**五大鏡**と呼びますが、いずれも立体的なもので霊光鏡とも名付けられています。

人間の肉体でいうと、**第一、二の鏡は陽の鏡で頭脳**にあり、**第三、四の鏡は陰の鏡で腹**にあります。**これら四つの鏡が一体化したときに初めて、第五の霊鏡が明らか**となります。これらの鏡を使えるようになれば、地上世界のことはもちろんのこと、いわゆる霊界・天界の有様は明々白々の事実として観じられるようになるとのことです。次節から、五大鏡の各々について、貴尊方のご説明を紹介しましょう。（以上編者）

一　第一の霊鏡――現況を映す鏡

　この鏡をみると、形も何もないのに、眼のあたりにみるように映ってくるので、不可思議な光が集まって形を作っているように思いますが、それは蜃気楼のようなもので**実体はなにもない**のです。

　皆さんは、鏡に映ると聞くと、姿見の平面の鏡を連想するので誤解しがちですが、ここでいう心の鏡とは**立体的な空間鏡**といってよいもので、映り方が異なることは言うまでもありません。この心の鏡が備わっているので、朝夕に自分の行動に過ちがないかと観察することができるわけです。

身を省みるとは、自らの行為を鏡に映した後に反省することをいうのです。例えば夜寝床に入って今日の行為はどうだったかと思うとき、少時空の状態となって、その後脳裏に映ってきます。これは鏡に行いが映ったものだと思い、研究を重ねれば自ずと鏡の存在も知るに至るでしょう。そのようにして、たゆまず研究を進めてください。

　第一の霊鏡は、映そうと思えば何でも映すことが可能です。例えば、人と向かい合ってその人の想いを映そうとすると、たちまち映ってきます。自分に危害を加えようとする者が、家の外から狙っていてもはっきり映しとるのです。その映ってくる模様を少し説明しておきましょう。

今日人と会おうと約束したけれど、なんだか出かける気にならないという経験をしたことがおありでしょう。そうして、無理して出かけると何らかの障害に出会うものです。これは、ぼんやりと鏡に映った知らせですが、鏡を磨いていきますと、先方は急に不在になるとか、電車が途中で故障するなどの知らせもはっきり映るようになります。**いわゆる無心の知らせというのは、この明鏡の映写**ですね。また鏡は、映像だけでなく、声や香りを反射することもあります。

二　第二の霊鏡――過去、現在、未来を映す鏡

この鏡は、皆さんの**過去の行為はもとより、現在、未来に至るまで映しとる**ので、**三世鏡**と呼んでいいものです。ちょうど、映画のフイルムのようなものです。

例えば、ここに二人の婦人がいるとします。一人は見目美しく、もう一人は醜い婦人です。しかし、この第二の鏡の前に立たせると、美人の心は邪険ですが、醜い方の婦人は慈悲深い心を示します。そして、過去を見ますと、美人は貧しい家の子として生まれ、継母に育てられ、金持ちの妾となり先妻を追い出したことが映ってきます。他方の婦人は、貧しい家に嫁ぎましたが、両親に仕え孝行を積み、夫によく仕えて現在に至っている状況が映っています。

では、二人の未来はどうでしょうか。美女の未来は、姦通罪に問われて刑務所につながれて

おり、醜い婦人は孝行で貞淑な女性として賞を受けています。このような結果が第二の鏡に映ってきますが、それからあとのことは、第三の鏡（因果鏡）でなければ知ることができません。

ここで、今の日本をごらんなさい。表面は麗しく見えても、裏面はなんと醜いことでしょう。悠久三千年の歴史はいま危うい状態にあることが映ってきます。今後の変化は、皆さんに第三の鏡が備わればわかってきます。

宙に迷っている魂魄《たましい》が下界におりて人体に宿る様子、あるいは夫婦の縁を結ぶ気光素の波長が転々と交叉して働く様子など、あたかも車輪が回転するのと異なりません。美なる波長あり。醜い波長あり。色とりどりの配合は眼を眩ますほどではないですか。これらは皆さんの世界のみならず、他の世界も同様です。

さらに、宇宙の光波、気波、霊波の作用によって、人間や物体が、破壊され、分解され、融和され、組織化されていく有様も、この鏡に照らせば見ることができます。太陽と月星の位置関係は、今（鏡に）見えているのは何億年前の姿ですが、太陽系の姿はその後次第に拡大し、ある程度進化しては消滅し、また新しいものが組織されて、現代の配置になっているのですが、そうした模様も第二の鏡に照らせば、明瞭に映ってきます。

（以上第一、二節は、テッシン貴尊の講話）

三　第三の霊鏡──因果を映す鏡[48]

諸子が心に描く様々な思いは、善悪にかかわらず、すべて霊鏡に映るので、どんなに隠そうとしても隠すことはできない。また、過去はもとより未来に至るまで、ことごとく鏡に現れることを学んだはずだ。しかし、ただ不思議な鏡が天界にあるとのみ考えたなら、私の教えは水泡に帰することになる。**この鏡のすべては諸子の身体にも置かれている**ことを知らなければ、悟りの目的を貫徹することはできない。

第三の鏡も諸子に備わっているので、智慧の光明がわが身にも輝いていることが分かるだろう。しかし諸子は、因果の理をわきまえておらず、「自分ほど因果な不幸者はいない」とか「なんの因果でこうなったのか」などと、宗教の因果論をはき違えている者が多いのは、実に嘆かわしいことである。

自分で悪い種をまき、悪い肥料を与え、悪い実を結ばせておいて「自分ほど因果な者はいない」と訴えているのは、恥を知らない自虐の発言で、全く同情の余地もないだろう。「親の因果が子に報い」という例は少なくないが、親の報いを受けた子は、まことに不憫なものである。したがって、諸子はまず、**悪行により子孫に因果の報いを遺さないよう用心するこ**

48　この鏡に映る様相については、第五章第三節にて掲載済みです。

とが肝要である。特に、血族性の遺伝の因果は、**二代三代と重ねるごとに増大する**ため注意が必要である。

因果の道理には、「私」というものはない。よって私心なき自然に順応して歩んでいくのが正道であり、自然に反する行為を悪と考えてすべてを処理すればよい。天に向かって唾を吐くと、自分に降りかかってくるのが道理である。自ら求めて、自ら苦しみを招いている形である。自然に逆らえば、自ら苦の種をまいていることになるのだ。

第三鏡の修行において、**他人も我なり、禽獣虫魚ことごとく我なり、と心の底より感ずるに至れば、達成をみた**のである。これらは言うことはできるが、実行し難い教えではないかと言う者が多いであろう。しかし私は、諸子に教えるのに、できないことを説いて何の益があろうか。**これを行おうと決心すれば必ずなる。**尻込みをすればならないのである。

第三鏡の修行をあやまてば、取り返しのつかない結果となるおそれが少なくないゆえ、諸子は心に心して身を省み、行為を正しくせよ。因果鏡、あるいは判別鏡ともいうべき智慧の光明にいささかでも汚点を生ずれば、正しい判断はなし難くなる。枯尾花を幽霊と見誤るのはまだ良いが、善人を悪人と見誤れば、先方が迷惑するだけでなく、諸子にとっても信を失う結果となるだろう。

諸子は、この第三の明鏡までは希望をもちつつ誘引されてきたが、この第三の段階で挫折するものが非常に多い。この困難な峠をうまく乗り越えれば、前途の光明に包まれるものである。挫折しないで、苦しみに耐えて坂を上るがよい。池に映った水を捕まえようとして、池に溺れぬように。

四　第四の霊鏡——魂魄《たましい》を映す鏡

第四の鏡に映る霊界の模様を見てみよ。

空中に金色に輝く楼閣がある。多数の僧侶が、美しい衣装をまとい、供養しているのだ。美しい花、かぐわしいお香、妙なる音楽が流れ、そこに亡者の群れが集まっている。かと思うと、楼閣が消えて、いかめしい怪物のような者がいるところに、嬉しそうに多くの亡者が集まっているのが見える。

このように、亡者たちは消えては現れ、現れては消え、九流界[49]付近にいるかと思えば、諸子の住む世界の付近に現れたり、月の世界の付近に現れたりと、千変万化の様子を見せている。

49　未知日記では、宇宙に存在する肉体人間の世界を、智慧の程度に応じて第一から第十四流界まで分類している。地球界は十流界であり、九流界は一段階上の世界である。わずか一段階の差とはいえ、地球人間から見ると極楽のような世界だという。

しかしこれは、幻影の世界であり、亡者は永久に安住できない幻の世界なのである。生前、宗教者であったものの魂魄は、たいていこの場所[50]に集まって迷っている。正しい信仰を持っていなかったために、蜃気楼のような幻の世界を作って迷っているのだが、不憫なことである。

諸子はすでに学んだことだが、**極楽も地獄も、天国も神界も、人間が我執より作り出した幻の世界**である。言い換えれば、念の働きである気光素によって生じた蜃気楼であるから、永く保つことはならず、消滅したあとは、魂魄《たましい》が迷うという報酬を得るだけなのである。

仏教者の中で悟った者は、このことを知っており、地獄極楽は人の身にあると主張している。それは「仏は方便にすぎない」と説いていることからもわかる。私は、宗教者を妨害するものではない。ただ事実を語っているだけである。

極楽や天国といった虚言は宗教者の智慧によって絞り出されたものであるが、それは仏教者の説く極楽とキリストが説く天国ですら異なっていることからも知られるであろう。彼らに言わせると、宇宙は広いので極楽と天国は別の世界であるということなのだろうが。

諸子よ、蜃気楼の消えた後のありさまをよく見よ。多くの魂が極度に慌てふためき、さまよいながら助けを求めている哀れな姿を見よ。これを憐れんで、天界から神のしもべが救おうとして立ち寄るのだが、救われるものは数少ない。多くは恐れて逃げ、あるいは悪魔と誤解して魔界や人類の住まない世界に落ちていく者もあるのだ。この第四の鏡に映る模様は、このくらいにとどめることにする。

五　第五の霊鏡――神界を映す鏡

以上、第一より第四の鏡を訪れ、順次見てきたが、最後の第五の鏡を見ると、何も現れてこないため、奇異の感に打たれるであろう。しかし、まなこを見開いて、よくよく観察してみよ。微細な胞子のようなものが明滅しているのがまなこに映らないか。そして、その明滅の前後に、気とも光とも知れないものが、この胞子のようなものに充満して、どこかに飛んでいく、その有様をしっかり観察せよ。

これはどういうことかというと、**全宇宙の様子**を描き出したもので、**生じるものと滅するものの有様**なのである。有無を伴わない絶対無から次第に有無を伴う無へと変化し、さらに進んで有気となり、ひいては有光と化し、また光が気体と結合して、摩擦によって熱と冷気を生ぜしめ、それらの作用が転回して有機物を産みだし様々な形を造っている状態なのである。霊光の出現も、これらの作用によって生じ、さらに変化して空源力[51]となるのだ。

50　如意界という。詳しくは、第九章第三節をご参照ください。

およそ全宇宙は、始めなく終わりもないという理論は、すでに何度も述べてきたので、諸子もご存じであろう。その始終なきものが残存し、他のものは消滅していく有様を、諸子はこの第五の明鏡によって示され、ここにおいて初めて全宇宙の根本の大気《だいき》を見ることになるのだ。これは全宇宙の不動気を流れ出てきた不可思議な霊気が通過して働く力であり、言い換えれば**神の世界より神の霊気のほとばしる力**である。

この神の霊気は、不動気を動かして様々なものを造る力があるので、宇宙はもとより動植物も造り出したのである。ここで、神はどんな必要があってもろもろのものを造りだしたのか、不滅の世界のままにしておけば、それで済むではないかと諸子は疑問に思うことだろう。

それでは、逆に諸子に問いかけよう。諸子は、寝るに六尺、座るに三尺あれば事足りるのに、どうして広大な邸宅を望むのかと。神が様々なものを造るのは、これと同じ理である。形を有するものには限りがあるので、改造するために破壊する必要があるのも当然である。

こう語ると、諸子は反論するだろう。神の力は計り知れないほど巨大なのだから、改造の必要ないものを造っておけばよいはずだと。それは、表面的な考えである。もとより、神の思し召しは予測しがたいが、我らの考えるところでは、それは[52]**完全無欠で不変不滅なものに造り上げる経路**であろうと思うのだ。その証拠としては、第一流界のような不変不滅の世界が作られつつあるのを見ているので、そう察するのである。やがて、すべて全宇宙の姿を第一流界のようにならしめたならば、神は満足されるはずだと我らは信ずるものである。

（以上教主寛大の講話）

51　宇宙に遍満する、不変の力のこと。詳しくは第三章第一節をご参照ください。

52　未知日記では、肉体を有する人間の世界を、智慧の程度に応じて十四段階に分類しているが、その中で最高の程度の世界である。この界では、もはや人間は神命に従うのみであり、陰陽（男女）の区別もなく、それゆえ子どもを儲けることもないらしい。ある意味人間を超えた、仏のような存在たちの世界ともいえるだろう。

第七章　拝みの十二段階

霊的信仰に入るのに、積極、消極の二つの道があります。いまから私が話そうとする方法は、**積極的な道（拝みの行）**です。常識に富んだ人なら、消極的な修養によっても安全に苦しまずに悟りに至ることができますが、現今の日本人のように、糸の切れた凧のような人間であると、積極的方法によってこの糸を結びつけ凧が飛んでいかないようにしなければ、再起することは困難なのです。

人は何らかの希望がなければ修行しようという気になれないものです。碁や将棋では、翌日の仕事に差し支えるにもかかわらず徹夜でわき目もふらず楽しみます。第三者からみると狂気のように見えても、本人たちは徹夜でも労苦に感じないのです。彼らは、石や駒の動かし方を研究して勝利を得るという希望を持っているからですね。

碁や将棋のように実在的なものは、労苦も楽しみとして励みます。ところが、精神的なものは拠り所がないので中途で挫折することが多く、ついには放棄してしまいます。それが普通の人の心理状態ですね。

このように人は表面に現れることに対しては努力を惜しまないけれども、内面に潜在することについては無関心なのです。しかし、表面的にせよ、内面的にせよ、人間として生存している以上は何か希望がなければ生き抜くことができません。それで老人になって希望を失うと死にたいなどと口に出すわけですね。

ですから、修行しようと志す人は、**何か一つの希望を持たなければなりません。**希望の中身は人それぞれですが、人は各自が有している本来の心を知り、自らはどういう存在なのかを知ってほしいものです。人と生まれて人を知らず、己の個性、天分すら知らずに神を知ろうとしても、それは木に登って魚を得ようとするに等しいものです。まずは、自分の個性がなんであるのかを認識すると、神の威徳も自ずと判明するでしょう。したがって、**自分の個性や天分を知るという望みをもって修行に専念することを推奨**します。

（以上ミキョウ貴尊、もと、円海大師[53]による序文）

53　本章収録の講義は、円海大師がミキョウの位に進まれ、ミキョウの資格で語られたものである。したがって、「もと、円海大師」のミキョウ貴尊と記している。本章以降に登場するミキョウ貴尊は、すべてこのお方のことである。

一　拝みの第一段階――無意識に拝む練習をする

一つの希望を起こしそれを発見する方法として修行するとき、**まずは拝む練習をすること**です。これは神を拝むのではありません。また自分の希望を達成する祈り心で拝むのでもありません。**ただ無意識に訳もなく拝む**のです。

朝に目が覚めれば拝みなさい、顔を洗う時、洗い終わったときも拝みなさい。手を合わせて頭を下げる必要はありません。ただ拝む心になればよいのです。食事の前後、家族と顔を合わすとき、仕事に就くとき、仕事の半ばでも、仕事の終わったときでも、また夢の覚めたとき、腹立たしいとき、悲しいとき、楽しいとき、嬉しいときも、絶え間なく心の底から拝む練習を忘れず行うことです。これは、決して神を拝めというのではありません。目標を定めて拝するのではなく、ただ、無意識に拝するだけでよいのです。

なぜこの方法を勧めるかというと、拝みたいという心を養っていくと、すべての人が満足する結果が得られるからです。他力の宗教が「念仏せよ」と勧めるのは、この原理を応用したもので、念仏するときは何も考えず無条件に念仏せよと教えています。

人はただ拝む修行を無条件に積んでいけば、自分の個性や分限をはっきり知ることができるのです。例えば、怒るときに拝むという心が生じると決して粗暴なふるまいをすることはありませんね。腹の立つ心は消滅してしまうでしょう。こうした些細なことでも、拝む心の働きが強いことがわかります。まして、拝み心を持続していけば、その効果の顕著なことは論より証拠です。実践して試してみてください。

この無意識に拝む練習は、一つの趣味のように遊び心で行うのではなく、また何か身に変化が起こるかなどと考えず、慎んで行ってください。そうして、時を重ねるにつれて自ずと知らず知らずのうちに**何となく感謝の気持ち**が生じてきたなら、この行は**半ば達成**できたと覚り、さらに一層努力して行じていけば、**何事ももったいないという気持ち**が新たに生まれ出てくるでしょう。この段階に到達できれば、目的の九割は達したと言えます。

二　拝みの第二段階——感謝の心であらゆるものを拝む

初めて面会した人に対しては、相互に礼を厚くしますね。見知った人と朝夕に顔を合わせたときもお互いに挨拶《あいさつ》を交わします。これは拝む心と同じものと知ってください。態度を改める心も、みな拝む心に相当します。ですから、礼や挨拶は拝む心から出たものと心得ておくとよいでしょう。

拝む心の第二の心構えは、**いつも自分に新しい人がやってきて礼儀を交わしているという思いを忘れずに行うこと**です。神を拝そうとか、霊を探し求めようとか、目標を持って行ってはなりません。神を拝みたい、霊に会いたいといった心で行うと、錯覚に陥り、幻影を誘ってしまうので、不覚をきたす恐れがあるからです。

したがって、修行中にもし奇跡のような変化を身に感じたとしても、決してこれに頼ってはなりません。このような奇跡にとらわれると、錯覚を生じ、行の妨げとなるからです。ただ何となく、心からありがたい、かたじけない、もったいないという気持ちが生まれてくると、これは正しく行われているしるしと信じて、そのまま継続していくことです。人からどんなことを聞かされようと、ありがたい教訓と感謝する心が湧き出て、相手を拝む姿に変わっていくのがよいのです。

例えば、人の不幸に出会ったとき、その人を哀れむ心から拝むのであれば、それでよいのです。故人の冥福を祈ろうとして神を拝するまでもありません。そういう拝み方は意味がありません。なぜなら、心の底より神を知るものであれば効果がありますが、神を知らないものが形だけ拝むのは偽りとなるだけでなく、行そのものを妨げてしまうからです。

神を知ろうとしても、まず自分の肉体の父母の霊（ミオヤ）にまみえるのでなければ、神の存在を知ることができないのです。父母の霊にまみえる方法として、まず拝む心を起こし、そうしてありがたい、かたじけない、もったいないという気持ちから、情け心、慈悲の心に変化していくのです。普通の人が思っている愛、情け、慈悲の心はすべて肉体愛、肉体情、肉体の慈悲であって、霊的な愛、情け、慈悲とまったく異なるものであることを知っておいてください。

ここで私が勧めている教えは、**心で拝めよ**ということです。手を合わせ頭を地につける拝みにも、**肉体的な拝みと精神的な拝みと霊的拝みと三種類**あります。肉体の拝みで手を合わせ、低頭するのは欲望が隠れています。また自分は信仰者だと言って、仰々しく人を拝ませるのも肉体的な拝みです。

これに対して、精神から、人前をはばからず拝むのは、そうせざるを得ないという感謝の行為ですから、差し支えありません。霊的信仰に基づき、人の前にあっても手を合わせ、低頭する場合は、なにかこうしなければというやむにやまれぬ事情があって行うのですから、意識せず知らず知らずのうちに行う拝みとみてください。

言い換えると、拝みを行じる人は、**最初は肉体の拝みより始まり、さらに進んで精神拝となり、向上して遂には霊的拝となり、かつて知らなかった霊と同化するに至る**のです。

具体的に言いますと、一杯のご飯にも、天の徳、地の徳、太陽の徳、もみの徳、水の徳、農夫の徳、牛の徳、害虫をついばむ小鳥の徳、米となすまでの人の徳、これを精米する機械の徳など果てしない徳に感謝し、ありがたい、かたじけない、もったいない、尊いといった気持ちが自ずと湧き出て、ただ感謝するのを真心と化していくなら、人をねたみ、世を呪うなどの思いは露ほども起こってこなくなります。

このようになってきますと、すべてを愛し、すべての情を施し、慈悲の心に満たされて、世の平安を願う心に変化していきます。すると、世の中は安泰となり、どんな場合でも争いの生じるはずがありません。この段階に至ると、平和の世界は出現して、人類の闘争は無くなり、相互に助け合い、生きることの本当の悦びを味わうことができるようになりましょう。

拝みは少しであっても、その力はこのように顕著なものです。

知識人たちは、祈禱などを迷信、妄信といってなおざりにしていますが、これは一を知って二を知らないためです。もちろん、祈りには正しいものと正しくないものがあります。道理を明らかにした上での祈りでなければ祈りの効果は現れません。ともかく、祈りとは神を目標として拝む法なのですが、それは真の神を信じた人でなければ、効果はありません。でも、真の神を知ると知らないとにかかわらず、拝む心はすでに慈悲なのです。たとえ、神の有無を知らない人でも、慈悲の心は通じます。

以上の道理から考え合わせると、**祈りの現れ方は神の力ではなく、祈る人の念の力、霊の力**

であることが推量できるでありましょう。この拝む心をさらに深めていけば、霊の力が表に現れてきて、祈る人の心に映ってくるという理も推察することができるでしょう。その霊が現れて初めて、自分の個性や自分の使命が何であるかを知るのです。

三　拝みの第三段階――明るい心で自ずと拝む

次に拝む行の第三の心得として注意しておきたいのは、拝む心の持ち方です。通常の人の拝み方は、尊敬、尊崇の気持ちを考えすぎるので、それが度を越して暗い心となって拝んでいるのをみかけます。このような暗い心を消去して明るい思いで拝することが肝要ですね。

拝みの心はいつも明朗でなければなりません。これについて逸話があります。

玄奘三蔵が西方を旅しているときのこと、ある乞食に施しをしたところ、乞食は感謝の気持ちを示さなかったので注意しました。ところが乞食は逆に反問したのです。

「お前さんは施しをしてなぜ感謝しなかったのか。感謝するのはお前さんの方ではないか」

これを聞いて、さすがの名僧も色を失ったという伝承があります。その真偽のほどはともかく、修行する者としては含蓄の深い話ですね。

乞食を拝む気持ちが湧き出て、施しをしても感謝するようになれば、その感謝は永久の美しいものとなります。母は、自分の食を子供に与え、その喜ぶ顔を見て、自分が食べた以上の悦びを味わうのではありませんか。世の人も、このような心をもって拝むようにすれば、自他ともに感謝の拝みとなるのは当然のことでしょう。

これと反対に、世を呪う拝みをすれば、裏には良心が働いているので、呪う心と良心と二つの心が常に闘争し続けるので、肉体の労苦がまし、衰弱して悪鬼の姿へと変じます。そして拝みの力は呪詛と化し、呪われたものの心に食い入り、果ては呪う者も破滅してこの世を去っても残るものは悪霊へと変じて永久の苦しみを遺すばかりとなるのです。

このような二心の拝みはしてはなりません。そもそも麗しい心ではないからです。また、哀れな人を救ってくださいというような拝み方は、一見麗しいように見えますが、その裏には悪い者を滅ぼしてくださいという気持ちが潜伏しているので、二心になっていると言えます。**わざわざ救ってくださいと祈らなくても、神はすべてを知っておられる**のです。

以前に語った泰岳は、幼児の頃から何くれとなく拝んでいましたが、それは神や仏を拝んでいたのではなく、ただ自ずと湧き出る心より知らずに拝んでいたのです。そうして、その拝みによって霊が働き、大いなる悟りを多くの人に与えていました。泰岳は、何を尋ねられても「私は知らず」と答えていましたが、多くの徒弟は彼の傍を離れず、常に彼と一緒にいたので、彼の霊に同化されて知らず知らずのうちに自覚の道が開かれていったというわけです。

ですから、泰岳のように**ただ訳もなく拝む**ことです。それで十分なのです。拝みは一事に限らず広い範囲にわたって通じる法ですので、初心の人はまず拝みの心を磨き、理論を会得するに従って順次拝む力を増していくと心得て、訳もなく拝むという初歩の段階を突破していってください。

四　拝みの第四段階——精神が水のように澄む

自尊心がなければ、拝む心は生じません。自分より優れた者がいれば、それを見て、何とか自分も彼に勝りたいという気持ちが湧き出てきます。これは、自尊心の現れですから、**勝ちたいという気持ちが生じると、すでに拝む気持ちになったと言ってよい**のです。

意識的に拝みを続けていけば、悪行はなくなり、善行の徳が現れてきます。ですから、人をうらやむ心が起きても、そのままその人を拝んでください。人を憎む心が起きても拝んでください。物事を深く考えると愚痴が出てきますから、**自分の知恵が及ばないときも、拝むこと**です。そうすれば、明智が湧き出て解決に至るものです。これが、第四の段階の拝み方の秘訣です。

この第四の修行を終える頃には、**精神は水のように澄んで、それまで感じたこともないよう**

なものを感じるようになるでしょう。つまり、拝む力の働きによって、雑念が除かれるので、心身爽快となり霊光が少し輝き始めるからですね。

第四の修行の末期になると、霊光がほのかに見え始めるので、神経が落ち着き、従来の喜怒哀楽に代わる新しい感情が生まれてきます。例えば、人が自分をそしっていると聞くと、従来は腹を立てていましたが、修行の末期になると、怒り返すことなく、かえって自分の至らなかったことを反省する気持ちが湧き出て、それが感謝の気持ちとなって悦びが湧いてくるのです。昔の怒りは、今の悦びへと変化するのです。

拝みの修行は、このような変化を生むのです。何事が起きてもすべて感謝する心に変われば、肉体的な欲求は少なくなり、残るのは寒暑と飢餓の苦しみだけとなります。こうして、心も気楽になり、いつも明朗となるので、悩みというものがすっかり拭われるのです。

五　拝みの第五段階——自ずから感謝する

第四までの拝みは、自分の感情を抑圧して、合掌低頭するような拝み方でしたから、肉眼を閉じていることが多かったはずです。これは、内面的な拝みと言ってよいでしょう。しかし、第五段階に入ると、今までと異なり、心に抑圧がないので、**拝する場合も、眼は外に移されるようになります。**拝みの心は、内面と外面の両方にわたる拝みへと変わっていきます。

この第五の拝みに入ると、初めて**感謝の拝み**に変貌します。すべてを自然と感謝する拝みですので、肉体的な拝みではなく、精神的な拝みとなります。したがって、内ばかりでなく、外を拝む形となり、自らにも通じ、人にも通じるようになります。つまり、**自分だけでなく、人も益しようという拝みへと変わっていく**のです。

世の中の人は、拝むということは特殊な宗教的な業のように思い、家庭の中の業と切り離していますが、これはよくありません。拝みを家庭に取り入れてください。朝夕に人と顔を合わせ挨拶を交わすことも拝みですね。また、人に仕事を手伝ってもらって感謝の言葉を贈るのも拝みです。怒る心を鎮めるのも、拝みです。

商店主が客に礼をしても、客が返礼しないのはどうしたことでしょうか。これは、片拝みですから、客も返礼するのは当然のことですね。客が礼を交わさないので、商店主も口先だけの礼となり、主客が相通じないのです。

人から依頼を受けて、その人のために心を尽くしたのにもかかわらず、その人に裏切られた場合、普通は、拝んでも内心は面白くないと思いますが、この第五期に達しますと、そういう穏やかでない気持ちは起こらず、ある一種の考案力を生じ、自分の任務が至らなかったという拝みを生じます。しかしこれは寸時に消滅するものです。

ありがとうという言葉は、拝みと同じであると心得てください。人が自分を拝めば、自分も相手を拝まなければなりません。拝みの交換は、魂と魂の結合であり、いわゆる霊と霊が通じ合った姿と悟って拝みあうことです。したがって、**神仏を特に拝む必要はありません。**拝む心さえ備えておれば、神仏はこれを知っているので特に神仏を拝まなくても守り給うのです。

世の中の善悪はすべて拝みによって変貌しますから、最も大切なのは拝みと心得て、内面、外面を一つにして行うのがよいのです。

六　拝みの第六段階——人に生まれた喜びを感じる

第六期に入ると、**精神は実の親である霊を見ると同時に、肉体の我が子も見る**ので、親の尊さを感じるとともに、子への愛を覚え、こうして人として生まれた喜びを感じるようになります。**「子をもって知る親の恩」という境地**に至ります。この境地に入ると、親があり子があって初めて自分があるという真の姿を味わうので、心の底から「ありがたい」という思いに満たされていきます。

とかく人の心は、自分の悩みを誰かに打ち明ければさっぱりするものですね。いわゆる悔い改めの懺悔《ざんげ》法は、この原理を応用したものです。前にも話した通り、正しい拝みは心の汚れを洗う洗濯法です。

洗うということは、身の垢だけを洗うのではないことを皆さんはよく知っていますが、いざとなると実行しないものです。これは、拝みの行が難しいためでしょうか、それとも真の拝みを知らないためでしょうか。**手を合わせ、頭を下げるだけの拝みは、真の拝みではない**ことをしばしば語ってきましたが、まだわからない人が多いようですね。

拝みは多方面にわたって行う法ですから、これを詳細に説明するのは困難ですが、**帰するところは感謝**ということです。そして、**拝みの頂点は慈悲**なのです。

皆さんは、高いと思うものを拝んでも、低いと思うものは拝もうとしません。これは真の拝みを知らないからです。皆さんの拝みは、感謝ではなく、依頼の拝みにすぎません。ですから、高いものを拝もうとするのです。高いものは、自分の力より優れていると思うので、頭を下げて何事かを頼むのでしょう。したがって、その拝みは肉体本位、自己本位のものです。たとえ他人のために拝むとしても、それは自己中心の依頼ですから、結局は肉体的な拝みにすぎません。

わが心を肉体に包んでおけば、外部から見えないだろうと思うのは、迷いですね。隠すから現れるのです。いつも心を公開しておけば、隠す必要はありません。宝も倉庫に隠すから、盗まれるのです。また、宝は形を持っているので目に見えますが、心は空ですから持ち去られる心配はなく、公開しても差し支えはないはずです。

心を公開しづらいのは、わが心が醜いのを恥じているからでしょう。ですから、この醜い恥ずかしい心を包み隠して一層汚れをためることよりも、拝みによって速やかに洗い清め、どこに出しても恥ずかしくない心に変えなければなりませんね。

神はすべてのものが過ちを犯し、自らを傷つけることのないように拝んでおられ、決して罰しようなどとは思いもよらぬ大慈悲に包んでくれています。ちょうど親が子を思うに等しく、農夫が米に気を配るのと同じようなものです。

人は、神のような大慈悲に至らなくても、せめて**大慈悲に応える心構えで拝みを怠ることのないように**と希望しています。

七　拝みの第七段階——自他の区別なく拝む

拝みは、六期以降は肉体拝を卒業して次第に精神拝となり、この七期に達すると**肉体拝と精神拝が五分五分の中間点**に達します。

第七期に進むと、霊の働きが非常に強くなり、それまで体験しなかったことを感じるようになります。これが、わが父、わが母[54]であったのか、どうして今まで気が付かなかったのかとの思いに駆られ、ただ喜びに満たされてもったいない、かたじけないという言葉にも表せない気持ちで日夜を送るようになります。

この境地に達すると、肉体拝の拝みは一変して、精神拝に変貌することになります。その精神拝によって、心の曇りは減り行き、晴天のようになって太陽がさんさんと輝きます。したがって、それまで暗闇の中で悪行を働いていた悪鬼は、慌てふためいて姿を消していくのです。

そうして、今までは自らを中心として他を引き入れようとしていたのが、**今後は他に自らを同化せしめようとの思いに**変化していきます。そして、他人の言葉は、自らの言葉と考えるので、自他の言葉は一つになって調和することになります。このように語りますと、皆さんは意味がつかめないので諒解に苦しむことでしょう。でも、第七の拝みに達した人なら、明らかに認識することができるはずです。


こうして、我は人を頼みとし、人は我を頼みとして物事を行うようになります。この世は、持ちつ持たれつなのです。もし人は頼むに足りないとするなら、何によって物事を求めればよいのでしょう。人は頼むに足りないとするなら、人類は必要ないということになるでしょう。

人は頼むに足りないと考えるのは、自己本位から生まれる自尊心が強いことに起因している

54　本書の言葉で言い換えると、ミオヤである。

のでしょう。

この七期の段階では、従来迷信として顧みなかった現象も正信であったことに気づき、また反対に正信と思っていたことが迷信であったため、修養の妨げとなっていたことに気づくことも多いはずです。そうして、次の八期の拝みの段階に入ると、肉体拝から抜け出て、完全な精神拝に没入することになります。

八　拝みの第八段階——霊なる親に対面する

肉体の親である精神が無教育ですと、肉体という子は勝手気ままに育ち、親の精神が教養高ければ、肉体の子はこれに感化されていきます。ですから、大切なのは「精神の親」の教育ですね。精神の親とは誰のことでしょう。言うまでもなく、**霊（ミオヤ）**のことです。

人は肉体とだけ暮らして霊なる親を知らずに一生を終えるので、誤った生活をしています。早く霊なる親に対面して、身心霊の三体一如の生活をして、永遠の真の楽しみを味わい、これを他人にも分かち、自他ともに喜ぶ生涯に至ることを願っています。

いわゆる三体一如というのは、肉体は精神に従い、精神は霊に服する状態をいいます。この状態のとき、霊は精神を補佐し、精神は肉体を保護するので何ら不安を感じることはありません。

その霊光に浴しておれば、食糧不安はむろんのこと、どんな危機に遭っても決して動じることがありません。霊光の徳は、こんなにも尊いものです。

この八期の段階になると、**己は何かという迷いが晴れ、自らの使命を明らかに諒解する**ようになります。こういう境地に達しますと、火にも焼かれず、水にも溺れなくなります。[55] 火に遭えば火に和し、水に遭えば水に和し、土に遭えば土に和して同化させる力が備わるのです。

八期に入ると、精神と肉体は従来の関係と異なり、精神は肉体の欲求を無条件に受け容れるようなことはせず、肉体にも精神にも満足を与えるように働きますので、不平も不満もなく、生死の悩みもない日々を送ることができます。

九　拝みの第九段階――ひたすら慈悲の拝み

第八の行を終了し生死の悩みのない境地を抜けると、ここで初めて第九の**霊的修行の境涯**が始まります。この段階でまず気づくことは、従来の思いと今眼のあたりに思うこととの違いです。

55　これは比喩である。第八段階に達すると、どのような人にも和することができるようになるという意味であろう。

従来は、人のために尽くそうという思いで修行していて、「自分はどんなになってもかまわない、願わくは世人の苦しみを救いたまえ」と自分を犠牲にして修行していたと思っていたことでしょう。しかし、神の耳にこれが伝わると「お前ひとりで何ができるのか、お前はいなくても何の価値もないではないか。お前の願いは、自分の手柄にしようという欲望から出たもので、表面がうるわしく見えるにすぎないのだ。そのような心は早く捨てよ」と仰せられるかもしれませんね。

しかし、霊界に一歩踏み入ると、このような観念はすっかり消え失せ、我という小さい者には関わらず、ただすべてのもののための祈りとなり、「救いたまえ」などという依頼はしないようになるのです。それは、**神の心任せの領域**だからです。

こうして、第九期の拝みは、**ただ慈悲の拝み**となります。この拝みは求めることもなく、頼むわけでもなく、ただひたすら拝むだけなのです。願わずして願いにかない、望まずして望みに通じる働きがあることを知ってください。

この九期になると、八期末まで従来病気を治していた行力も、効力が無くなることがあります。その理由は、人の病気を治そうとしたのは己の力を信じていたためで、まだ自己中心から抜け出ていなかったのです。自己中心の修行でしたから、完全ではなかったわけです。

　この第九の末期になると、わざわざ自分の行力を用いようとしなくても、**すべて寄ってくるものを救う働き**が現れてきます。例えば、今まで病人に手を触れなければ治癒できなかったのに、この段階では手を触れなくても治癒できるようになります。ですから、百人、千人を一時に救うことができるのです。

十　拝みの第十段階――霊光に同化する

　十期の段階に入ると、**念の力は自由自在に働くようになる**ので、体の病苦を救ったり心の悩みを解いたりします。ただし、念の力は善にも悪にも両方向に働きますから、人を呪えば人を倒し、人を救おうとすれば助けることができます。どちらを選ぶかは、霊の指図に従わねばなりません。もちろん、霊は最後には悪を祓い、善を採用するということは、教主が教えられた通り[56]ですね。

　十期の拝みが進むにつれて、天使が訪れることがあります。これは錯覚なのか、また自分を苦しめるのかと思うことがあるでしょうが、十期においては霊に感応してくるので錯覚ではあ

56　教主によると、霊はすべてに和して力を与えるが、最終的には悪を浄化し、善化する働きを有するという。ここでの霊はすべてのものを支えている、もとの力である。編者の考えでは、空源力と同じものだと思われる。霊については、第八章第一節もご参考になさってください。

りません。拝みが進むにつれて、天界との交わりに入るので、霊光は修行者の霊に輝いて異彩を放ちます。そうして、天界の有様が霊から霊に伝わり、それがわが魂に映って一切を知ることとなるのです。

言ってみれば、**霊という望遠鏡を通じて霊のまなこに映り、霊の受話器によって魂の耳に声を聴く**と思えば、おおよそ察しが付くことでしょう。すなわち、全宇宙は時間空間と位置を持たず、したがって距離もないので、霊はただちに霊光に同化して、魂に通じるのです。

霊から魂に知らせるために、天使を見させたり、天使の声を聴かせたりするのであって、**人の住んでいる場所に霊が天下りするわけではありません。**これらの現象は、錯覚ではないので、喜んでさらに拝みを重ねるべきなのです。

第十期の拝みが進むに従い、霊光と霊の交わりが深くなり、魂を養い、その位置と働きの力を向上させ、人それぞれの特性を発揮させて高い極みまで引き上げてくれるのです。

そして、十期の最終段階に達すると、霊眼はすべてを見通し、霊耳はすべてを聞き通し、物事の善悪正邪をことごとく知り尽くすので、非を改め、是《ぜ》を盛んにする力を備えるようになります。心眼よりも強化された霊眼は、神より与えられた真の神眼に合致しますので、霊眼は宝鏡ともいうべきもので、物事の真影を宿して欺くことがないのです。

十一　拝みの第十一段階――天界での悟り

修行が進むにつれて、精神は次第に霊に同化していくので、霊と精神との区別がつかなくなります。第十一期に一歩踏み入る頃は、**精神は半霊に同化され、悟りの境涯に移される**ことになります。このような姿を、仏教では**菩薩の境涯**に入ったと称しています。

一度この境涯に入ると、天界が無辺、広大であるにもかかわらず、どこを見ても非常に秩序が整然としていて、水の漏れる隙間もないことに驚きます。同時に、下界があまりに無秩序で乱脈なのに呆然とすることでしょう。

天界を体験した人は「自分が肉体を離れたならば、天界に移される喜びがあるだろうが、多くの人は天界を知らないで一生を終えるので苦界から苦界に移動するほかない。だから、天界のすばらしさを皆に知らせて迷わないよう尽くしたい」という慈悲の気持ちが強く湧いて来るのです。

十一期に達すると、**身は下界にあっても天界に置かれたと同様**なので、自分のいる場所はどこにいようと同じで区別がありません。ですから、居所が貧しくともそれに甘んじ、後輩の指導に尽力して、一人でも多くの人を天界に送るため専念努力すべきです。

衣食足りてから道を求めようと志すのは、一般の人の習慣ですね。だから、「衣食足りて礼節を知る」という格言があるのではないでしょうか。私が話したいのは、実にこの点なのです。

つまり、衣食が足りなくても、いや食べなくても道を修めようと願ってほしいのです。数日間、食を断っても死ぬことはありません。私は、七十五日間断食した経験[57]があります。

私は、拝みの第一段階でこのことを話そうかと思いましたが、初心者に話すと恐怖心を招き、かえって挫折させる恐れがあると考え、今まで語ることを避けていたのです。

でも、十一期に達すると、もう生死は問題となりませんね。この段階で後輩を導くには、「食わずとも簡単には死なない」ということをわきまえておく必要があります。信念を強くすれば、肉体はこのように強く働くのです。神は、無駄に餓死させるようなことはしないので、安心して業に励んでもらいたいものです。

この十一期の段階からは、すべてに和合して救う力が拡大するので、来る者は必ず救われます。来ない者にも光明は照らしますが、それはちょうど月が地上を照らすのと同じです。**しかし、陰に隠れる者は、照らすことができません。**月は太陽の光を受けて地上を照らすように、人も霊光を受けてその魂の力がすべてを照らします。

十二　拝みの第十二段階——一切の衆生を照らす

十一期の行を終了して、十二期の門に入れば、仏教でいう菩薩の境涯は終わり、仏の姿に移されて**成仏の世界**に入ります。また、キリスト教で天国において神の僕となるというのも、この段階です。ですから、我々は皆さんがまだ肉体を有して、今生が失われないうちに、この境涯に達するように願っています。

生きている間にこのことを知っておかないと、死んでからの苦行は並々ならぬ努力が必要となります。私は宗教者ではないので、死後のことを深く語ろうとは思いません。しかし、人と生まれた以上は、誰しも一度は死を体験するので、一応注意しておきたいと思います。

この最終期に入ると、肉体にも自ずと威厳が備わって、人から崇拝される姿に変わるかというと、決してそうではありません。**肉体にはなんら関係は及ばない**のです。世には、活仏と称して周囲より祀り上げられて、傲然とした態度を見せてもったいぶる邪宗教者もいますが、彼らは周囲の人が造り上げたものにすぎないのです。

しかし、十二期の行が進むに従い、徳は次第に備わってきて、衆生を救う力がますます顕著となります。いわゆる仏というのは、覚者のことですね。

57　もちろん、地上での「円海大師」時代において、である。

そして、真の仏となったなら、肉体に美服を飾らなくても、やがて霊気は肉体よりほとばしり出て、一切衆生を照らす光明となって輝きます。ですから、悪魔は近寄ることができず、遠ざかります。霊の徳は、用い方によっては不可思議の働きをします。

この最終段階において、行力はますます進展し、やがて**修行者のもとに一度来る者があれば、その人は（十二期の修行者の）霊の徳に化せられて、種々の悩みはことごとく救われる**ようになるでしょう。十一期末においては、悪鬼に悩まされて修行者のもとに来た者が、修行者と別れて離れた後に、また（悪鬼に）悩まされたのに引きかえ、**最終（十二の階）の半ばにもなれば、修行者を離れても、再び悩まされる恐れはありません。**

その訳は、一度こうして結ばれた霊徳は、永久にほどけないからです。こうして、この世に肉体を持っている間に一人でも多くの人を導き救いつづけ、天から帰ってこいという命令を待っておれば、天の爵位が備わったことになります。これにて、すべては果たされたということになります。

（以上ミキョウ貴尊、もと、円海大師の講話）

第八章　人間のもつ三気（心・魂・霊）の区分とは

一　霊と魂[58]について

霊というと、世の人は幽霊のようなものを想像してしまいますが、それは霊ではありません。また宗教者が語る霊や近代心霊学などが研究している霊でもありません。自分の守護霊はこれこれ、といった愚かな考えで霊の研究をしようなどとは、実に愚の骨頂であります。

霊は、人だけにあるのではありません。全宇宙に通じて働くと同時に、一切ことごとく全宇宙に存在するものにも通じ働いているものを霊というのです。皆さんの小さい世界に限って言えば、**山川草木はもとより動物、生物に至るまで、皆ことごとく霊の力を持たないものは一つ**

58　未知日記では、人間の精神の三層構造（心・魂・霊）が説かれ、表面層に心、中間層に魂、最奥層に霊があるとされる。人間が肉体を有する間は、肉体と魂の結び目として心が存在するが、滅後は心の層は消滅する。それゆえ、在世時に魂をどれほど稔らせられるかが重要となる。

としてありません。

もし皆さんの世界に霊がなければ、食物すら手に入れることができないはずです。また、霊がなければ宇宙は存在することができません。一個の細胞にも霊が働いているので、その細胞は生命を得て独自の働きをしているのです。空気の中に含まれている様々なものにも、すべて霊が宿っています。この道理をよくよく認識しないと、魂《たましい》を清めることはできません。

赤子が母を知らなくても、母は赤子を守るように、**霊は魂の母**なのです。赤子は、日に日に智慧を増し母を知るようになりますが、それと同じく魂も育ってきて霊を知るようになると、霊と魂の一体化がなされると理解しておいてください。

釈迦やキリストも、この霊の力を知っていたので、様々な奇跡を行うことができたのです。神通力もまた霊があるゆえに現れるわけです。

草木に魂はないけれども、霊は働いています。霊の働きがすべての草木を育て生存させています。よく童話などで木の精とか草の精について語っていますが、これは草木に魂はないけれども生命のあることを教えたものでしょう。しかし、生命と魂を混同してはなりません。木にも草にも生命があるので、千万の歳月を生きているわけですが、これは霊が存在しているからなのです。霊はすべてを活かし、すべてを養育します。霊の力こそ、実に広大無辺といえましょう。

霊の力の偉大さに気づいたなら、まずその霊に対して感謝の心をもって礼を厚くしなければなりません。礼を厚くすると、霊はその礼に順応して働きます。**霊の力は礼を厚くするごとに、いよいよ増大し、魂にも力が及んできます。**[59]

（ミキョウ貴尊、もと、円海大師の講話）

二　心と魂の違いを知れ

皆さんは、**心と魂の区別**を知らないので、自然の理を究めることができないでいるのです。心と魂が同じものと考えていると、とうてい人間とは何かについて知ることができないのは当然です。現在、皆さんの住んでいる世界の人々は、すべて心の働きによって世の中を建設しようとしているので、その生活態度もすべて動物的なものに化していくのです。

魂を発見するには、何らかの方法によってこれを求める道がなければなりません。心の働きだけに頼ると、苦しみ抜いた後でなければ、望みを達成するのは困難ですが、これを魂にまかせれば、苦しまなくともすべてを明らかにすることができるのです。心は枝葉ですから、心に

59　しゃれではないが、「礼は霊に通ずる」のである。

よって得るものには限度がありますが、魂はその根に相当するものと考えると、魂を発見するのはさほど至難ではありません。

心を常に平穏に保って居れば、黒雲やむら雲は起きてこないはずですね。心をあれこれと働かせるのは、ちょうど雲を呼び雨を呼ぶに等しいと考えて、**ものに執着せず、物にこだわらない生活を続けていけば、それによって魂との一体化は次第に得られていく**のです。心の悩みは、拝みという方法によって祓うことができます。これを心の明化といいます。心が明化されると、魂が働き、悩みをさらに排除してくれるようになります。

肉体と心と魂と霊の区別について、日本の天皇宗教ともいうべきものを例にとって説明してみましょう。**肉体は民、心は文武百官とみなし、魂は天皇に、霊は日月に相当するとして観察すると**、すべて察することができましょう。そうして、その四つのものをつなぐのは、霊気なのです。このことによって、その区別を知ることを得たのではないでしょうか。日本には、神ながらの道として文献にはあまり多く残されていませんが、事実上このようなわかりやすい教えが示されていることに着目してください。

このことを伝えた時、慈音が言うには、「私たちはあさはかにして智慧がありません。心と魂の区別の理はおぼろ気ながら解することができましたが、事実日々の生活において何か他に、適当なる教えにあずかりたい」と。それでは、これに答えましょう。**皆さんは、初めて人に対面する時、形を改め威儀をただしますね。これはすなわち魂の現れなのです。**

そして次第に交わりを結んでおれば、魂は遠ざかって心のみが交わりをなすのではないですか。初めて会った人と、交わりを深くした人との相違は、魂と心の相違であると合点しなさい。それを拡大して考えを進めれば、自ずと魂の在所は判明することでしょう。

三　魂気を先に働かせよ

昔、ある聖者のもとに、もう一人の聖者が訪ねてきました。二人は、一言も交わさず黙って向かい合い、笑いながら別れていったという話があります。

これに比べると、皆さんの交わりは言葉によって相手の意中を知り、お互いに共通の思いであると確認して初めて友人となりますね。これは、魂気の交わりではないので、水魚の交わりとは言えません。聖者の交わりは、魂気と魂気の交わりなので、言葉を交わさなくてもお互いに意中を知るので、共鳴し、一体となるのです。ですから、聖者の交わりは永久に変わることがありません。

そういうことですから、修養修行する人は、**まず魂気を働かせ、これを心気に伝えてことに**

あたるようにすると、過ちが少なくなります。心気を先にして魂気を後にしていると、失策が多く取り返しがつかぬことになります。

自問自答の法においても、心に問い、心に答えていると、過ちが多いものです。いま一歩、修行を進めて心から魂に問いかけ、そののち心に感じるようにすれば、過ちは少なくなります。そして、さらに練磨して魂より魂に答え、そうしてのち心を働かせるようになると、行は完成したといえます。ですから、心気はなるべく動かさず、魂気を働かせるように努めてください。

ここで、ひとつ注意しておきたいことがあります。魂気と心気と霊気は、どのように鑑別したらよいかということです。例えば、人と対面したとき、**にわかに一種の気力を感じるのは、**作られた気ですからこれは**心気とみなしてよい**のです。

また、対面したとき一種の霊気に打たれて、**自ずから威儀をただすほかなくなるような場合**は、その気力はほんものの**霊気ではなく魂気**とみて差し支えありません。**本当の霊気になれば、眠っている人のそばにいてもその気に打たれてわが身が縮むのを感じる**ものです。まず、こういった鑑別法を知っておけばよいでしょう。

（以上第二、三節は、テッシン貴尊の講話）

四　肉体と魂と心を一つに

世の人の日々の修養、修行をみると、肉体は肉体、心は心、魂は魂と別々に区分けし、それぞれが勝手気ままな行動をしているので、ややもすると、かえって多くの障害を招いていることが少なくありません。我々の説く教えを理解しないのも、身心魂が別々の行動をしているからですね。

常に心だけ働かせているときは、肉体と魂は休止して用をなしていません。また、肉体だけ働いているときは、心と魂はほかのことを考えて気ままに動いているので、ややもすると、うっかりして肉体を傷つけることがあります。そして、魂だけ働いているときは、肉体と心は勝手な方向に向かっているため、眼の前に人が来ていても気が付かないことがあります。

ですから、心の持ち方が大事で、**肉体にも魂にも偏らず、常に両者を一体化させる**ことによって、初めて三位一体となるわけです。心が肉体に偏れば魂をおろそかにし、魂にとらわれれば肉体を傷つけることになります。心を常に平穏に保ち、心をまず傷つけないようにすることが肝要です。

我々は、理論を闘わせることよりも三位一体となって「悟れ」といってきましたが、これは言い換えると、絶対自然に従えということです。日常生活を営む上でも、**身心魂が一体となれ**

ば、霊という絶対自然がこれを抱擁して守ってくれるので、過ちを犯すことがありません。でも、身心魂が別々の働きをしていると、霊の働きも別々に動くことになるので、正しい絶対自然の働きとならず、その力は分裂して働きが弱くなることが多いのです。

（セイキョウ貴尊の講話）

五　心魂を浄化するには

我々は皆さんの心を清くせよと教えていますが、それは**霊によって心を洗い清めよ**という趣旨なのです。霊によってのみ魂は清められるので、霊をおろそかにすると魂は汚れを重ね塗りするに終わり、清められることはありません。霊の力を借りて魂の汚れを霊によって磨き清めることを霊浄の法といいます。

霊浄しなければ、心魂を清めることはできません。人は日々の生活に追われて心魂を汚していますす。我々修行者のように山岳に暮らしていても、まだ汚れが多く、いつも師匠の鞭を浴びていますが、まして里にいる世の人が汚れを積み重ねているのは致し方ないことです。したがって、洗った上にさらに洗って浄化しなければ、心魂は暗くなっていきます。

霊は拝みであるとすでに説きました。拝みする心、拝みする態度は、霊に順応している現れですから、尊いものです。間断なく拝みする人は、心魂が清められ輝きが増していきます。**心魂が清められれば、肉体の内臓や筋肉、血液もことごとく浄化される[60]ので、心身共に清らかになる**のです。したがって、外から入ってくる悪魔は退散し消え失せてしまいます。

我々行者が山岳にこもって肉食せず、菜食で暮らしているのも、肉体の浄化を目的としているからです。ですから、**修行者の道を正しく歩んだ者は、死んで屍を残しても永久に腐食しない**[61]のです。

動物性の栄養をとれば、健康になると近代学者は言っているが、他に食品は多くあります。動物性の栄養は血液その他を混濁させるので、様々なばい菌に侵されることになります。これが道理というものです。

現在の宗教者のように肉食妻帯をほしいままにして心身を汚しているものがどうして人を導き清めることができましょうや。また、衆生を済度することができましょうや。

動物性の食物にて肉体の健康をはかり、あるいは女色男色に溺れて心を傷つけていては、わずかの拝みをなすとも何ら清められるものではありません。

60　未知日記には、「霊によって清められたる人の血液は清くして其人が血書を認《したた》めおくも永久変色せざるなり」という記述もある。霊（ミオヤ）のもつ浄化力を物語るものだといえよう。

61　かのヨガ行者、パラマハンサ・ヨガナンダ師の、遺体が腐敗しなかったという話が有名である。

とにかく、霊の威徳を重視して、心魂を打ち込んで行う拝みでなければ、浄化の力を拡大することは難しいのです。拝みの態度に応じて霊はその力を与えてくれることを認識し、拝みの力を絶えず用い続けるなら、それによって心身共に清められていきます。

一度拝むと、そのたびに一度ずつ尺度の目盛りを昇っていくと心得てください。そうして、自分と対照してまだ低い段階にある人がいれば、その人を導き、ともに手を携えて上昇していくよう努力してください。人を導こうとするとき、正しい拝み方をして真の慈悲心がなければ、導くことはできません。人を導くということも拝みの一つです。慈悲の心を起こすというのも、これも拝みから生まれます。また、悔い改めるということも拝みの徳の現れなのです。

以上の点に着眼すれば、すべての事柄を習わなくても自ずと自得[62]することができますが、それもほかならぬ霊の力によって自得するのです。しかし、誤った拝み方をするなら、かえって心魂を汚すことになり、魔界に転落する憂苦を招く結果となるでしょう。

（ミキョウ貴尊、もと、円海大師の講話）

六　心を清めて空間を清めよ

心というものは雲や霧のようなものです。そして、**魂というのは地中の水**と思ってください。

雨水は、地上に落ちて地中にしみいり、そして浄化されて泉となって湧き出るとき清水となって飲料に用いられますね。人の心も同じようなもので、心は魂の水分が蒸発して雲や霧に変化したものと考えるとわかりやすくなるでしょう。

皆さんは、全身にみなぎった雲霧に相当する心だけを働かせ、丹田より湧き出ている魂の水を汲まないでいるので、魂の泉も心の雲霧もともに混濁しています。したがって、すべてを洗い清めることができないので、全身はさらに混濁し正しい清水を求めることができなくなっています。こういう魂と心の状態では、すべてのものを明白に映し出すことが難しいのは当然といえましょう。

皆さんは、拝むときも何らかの願望を成就することにとらわれ、頭だけ下げて拝んでいますから、人心の浄化が得られないのです。**われわれのいう拝みとは、神に向かって祈ることではありません。**雲霧の作用によって、塵芥を取り去り、浄化せよということです。つまり、**心を全身にみなぎらせ、心を次第に中心の丹田に引き下げて、それによって空間を清めよ**といっているのです。これについては、「頭腹一体の法」と名づけて、教主が前に教えを授けたものを

62　自分自身で理解し、会得すること。

誤解して、その方法を誤っている人が多くいます。

拝みとは特殊のものではありません。また頭腹一体とは、ただ無我の境になれよと云うのでもありません。宗教的に結びつけると錯誤が多くなります。

再度言いますが、**拝みとは、全身を浄化する方法**です。浄化すると、心は明瞭となるので、心の病もたちまち治癒するのは当然なことです。このように身魂を清めると、霊がこれに調和して輝かしい光明を与えてくれるのは言うまでもありません。このような姿になると、人間としての任務は果たされつつあるので前途は明るいのです。これは絶対自然の法則であるからです。

七　人間性に立ち返れ

皆さんの生活ぶりをみていると、肉体を活かさず、日々肉体を殺しています。美味を好み、美服を着るのを喜んでいます。そして、眼に耳に汚れたものを求めて心を満足させているのは、肉体を殺して人間性までも滅ぼしているということです。我々が皆さんに語ろうとするところは、肉体を生かさんがための修養修行として、**人間性を健やかにせよ**と勧めているのに他なりません。この理を早く悟って、皆さんが人間性に立ち返ることを望みます。

もちろん、ものには順序があり、その順序に従わないと目的は達しがたいものです。したがって、皆さんは**動物性より人間性に、人間性から進んで仏に、さらに神界へと進む**のが順序というものです。動物性にのみ囚われて、人間性に進まなければ道は得られません。

皆さんは、武力あるいは財力によって人間を屈服させようとしていますが、これは動物性のなせる業です。愛する心、憐れむ心、慈悲の心でいたわるなら、すべては従ってきて、慈父慈母のごとく、人が集まってくるものです。これは、人間性を通じて融和するからです。

こうして、共にいたわり、共に助けあいながら生活していけば、争いなど起こるものではありません。非道の行いをして財宝を多く蓄えようと計るのは、これも動物性によるものです。ですから、資本家と労働者の間に争いが絶え間なく続くことになります。人をあざむき、世をあざむいて、自分だけ漁夫の利を図ろうとするのも、動物性によるもので、武器を用いない戦いに他なりません。

天界より導きをしている者が多いのにもかかわらず、これを受け入れて向上しようとの考えを有する者が少ない結果、あまりに動物性に囚われ、進化は遅々としているのです。天界からの言葉を卒直に受け入れて道を択んだならば、易々と順路を歩めるでしょう。しかし、慢心の多い皆さんの世界にも、天界の指導者にも耳を藉《か》す者が少ないのみならず、これを受け入れて修行しようとなす者にすら、迷信妄信と言って嘲り、彼らを退ける結果、今日の様相を持続しつつあるのは、実に嘆かわしいことです。

皆さん、心の向きを、地上にいながら天に昇り雲の上人になろう[63]という方向に向けてください。行というのは難しいものではありません。その心を、その思いを蓄え、他の方面に顔を向けず、ひたすらその道に心を置くならば、自ずと道は開かれ、明るい光が皆さんを導いてくれます。簡単にまとめると**「神の方向に顔を向けよ」**ということです。難行苦行を行って肉体を苦しめよというのではありません。肉体はそのまま肉体として、ただ自分が住んでいる家と思えばよいのです。

（以上第六、七節は、テッシン貴尊の講話）

八　人爵《じんしゃく》と天爵《てんしゃく》

人には、**二つの爵位**があります。**人爵**[64]と**天爵**[65]です。人爵は、言ってみれば付け焼き刃のようなもので、すぐなくなることが多いのです。誰かの語るところを聞けば、「人の品位を計るならば、男女のたわむれを見よ」と語るのを聞きます。面白い話ではないですか。これらの事柄より考えるとき、人爵が剝げやすいことには頷かれるでしょう。猫をかぶるといわれるように、**人爵は一時のもの**で永久には続きません。自然に備わった天爵でなければ、正しいものとはいいがたいのです。

例えば、人に施しをする場合を取り上げてみましょう。哀れな人を見て同情し、施しをするのは正しい行いですが、中途半端なものなので人爵の施しというべきです。甚だしい場合は、自分のために施しをする人がいますが、これは利己的な表面上の施しなので、人徳は薄いのです。といっても、これは不正なものではありません。

これに対して、修養や修行を重ねて自然に備わった人格は、智慧を肥料として魂を育てているので自ずと天爵が積まれていきます。こうして**積まれた天爵は、永久に失われることはありません。**

世の人の修養、修行の様子を見ると、心だけ忙しく働かせていて、肉体と魂をつなぐことを

63　当然ながら、貴尊は地に足のつかないような生活を推奨なさっているのではない。「天に昇り」とは、神の自然の法則に従って、との意味であり、「雲の上人」とは、動物性を離れた天界に達した人を指す。つまり、肉体を持ったままで神界に転ずるという意味である。

64　一般には、「人間が定めた栄誉」であるが、ここでは「表面的／社会的な人格」といった意味も含まれていると思われる。

65　一般には、「天が生まれつきその人に与えた優れた徳」であるが、ここでは「人徳」に近い意味であろう。したがって各人の修養によって高く積まれてゆくものである。

せず、そのため肉体と魂が分離され融和しなくなっているので、天爵が薄く品位も高くならないのです。先に語ったように、魂と肉体を一体化させる方法は、心を媒介にしなければ実現しがたいのです。

心の働きの狭い人を小胆な人というでしょう。このような人は、肉体に心をうばわれているので、魂の働きがひっこみ、心だけ太っていき、あげくのはては肉体まで影響して俗にいう神経衰弱という病気を併発するばかりでなく、ついにはその心まで乱れて、狂人へと変わる悲惨な事態を招くことも多いのです。

以上のことをよくよくきわめて、魂から心に接続し、心から肉体に接続する方法を怠らず研究しておれば、それによって修養が積まれていきます。この道理を悟ることができれば、自問自答の大切なことは十分察することができるはずです。自問というのは、心と魂をつなぐ方法なので、**自問すると肉体から心へ、心から魂へと向かいます。**反対に、**自答というのは、魂より心へ、心より肉体へと向かいます**から、いつもこの自問自答の法を行っておれば、身心魂、魂心身の融和結合は完全に行われるので、十全な結果が得られると知ってほしいものです。

九　狂人となるなかれ

我々に言わせると、世の中には頭の優れた狂人があまりに多くいます。確かに頭脳は偉大で優れているにもかかわらず、狂人が多いのです。宗教者にも狂人がおり、学者にも、智者と言われる人にも政治家にも狂人がいます。しかし、それらの狂人を優れた人として崇拝しているのは何という愚かさでしょう。一種変わった人を見て、偉人だと尊んでいるのは智慧がありませんね。

世の人々よ、我々の説を聞いて修養しようと思うなら、注意して道を選ばなければなりません。我々の説にのみとらわれて一方的となり、ついには狂人になるような愚かな道を歩んではなりません。

道理を正しく認識して、修養の道を計らなければ、正しい人格は得られないのです。宗教を信じる者は宗教にとらわれて、はては宗教狂となる恐れがあるからです。宗教狂になると、偉人でもなく、仏でもなく、一種の狂人に化したにすぎないからです。

心が一つのことにとらわれているとき、心はその物にだけ働いているので、心と物が同化していても、心は魂に従わず、また肉体にも関わらないので、**魂は魂、肉体は肉体、心は心と別々にわがままな働きをなす**ので、身心魂一体の働きをしなくなります。したがって、狂人となるのです。

皆さんは狂人と接する時、何か薄気味悪く感じるでしょう。それは、彼の持つ魂の程度の働きを現しているからです。いわゆる**魂と肉体をつなぐ心の法力を失っているがゆえに、魂の個性が現れている**にすぎません。ですから、逆に言うと、狂人でも魂と肉体をつなぐ心の働きを完全に取り戻すなら、治癒されて元の姿に帰ることができるのです。

（以上第八、九節は、セイキョウ貴尊の講話）

第九章 死後の世界とは

一　帰る処はどこか

人は、天国というと星々の輝く美しいところを連想し、地獄というと住んでいる地球の姿を連想しあれこれ考えをめぐらすので、広大で安楽な天国にいきたいものと考えているけれども、それは誤った考えです。

それは、高い山を遠方から眺めて美しい山だから一度登ってみたいと思い、いざその山に足を運んでみると、険しいばかりで危険なものにも遭遇し、こんな苦しいところなら登らずに遠くから眺めておくだけにしとけばよかったものをと後悔することがありますね。これと同じで、天界**（星の散在する場所）は皆さんが思うような安楽な場所ではありません。**下界から眺めるような美しい場所でもないのです。

そうなると、安らかな場所はどこにあるのかと人は不安になってきますね。人の肉眼に映る場所は、すべて有形物ですから、有限な場所です。有限な場所はいずれ消滅したり、出現したりするので、危険を免れません。我々は、永久に安らかできわめて安全な場所に、皆さんの魂を導こうと尽力している、ということを諒解して聴いてください。

（セイキョウ貴尊の講話）

二　迷いの世界、浮住界の様相

諸子の考えでは、死後に人はみな天界に移行するものと思うならば、それは大きな錯誤である。

死者の大半は、**浮住界**という世界でさまよっている。この浮住界は広大で、その光景は一様ではない。死者の抜け殻が点々として右往左往しさまよっているありさまは、ちょうど浮雲のように上昇するものもあれば、下降するものもあり、魂を持っているものすべてが混合してさまよっている状態である。これを見ることができれば、諸子は戦慄するばかりであろう。

魂というものは、人間に限らず、他の動物にも備わっており、その種類は非常に多い。それゆえ、さまよっている魂が人間の魂か、動物の魂か見分けることすら困難な有様である。そして、浮住界ではそれらの魂が互いにもつれ合って相争い、絶えず悲鳴をあげ、弱いものは逃げまどい、強いものは弱いものを追いかけしいたげるなど、実に眼もあてられぬ悲惨な状況を呈しているのである。

それらはみな、**魂が実っておらず、いわば魂のくずに等しいもの**である。地上の塵や埃のようなもので、諸子もこんな姿で朽ち果てると、どんな結果をもたらすことかと想像してみよ。実に怖ろしいことではないか。こういう世界にいて永久にさまよっていては心安らかにはおれまい。早く目覚めなければならない。

（教主寛大の講話）

三　次なる如意界とは

次に**如意界**とよばれる世界がありますが、ここは、**浮住界から目覚めたものを集めて養育し、落とすべきものは落とし、上がるべきものは上げるために設けられた場所**で、魂の養成所と言ってよいところです。私セイキョウが、慈音をはじめに導いたところで、慈音はこの場所で様々な教えを受けたわけです。

ここでは、時間も空間もなく、人の考えるような年月の長短もありません。そして、慈音のように肉体をもって下界に住んでいるものも、**教主が許可するなら、下界から直ちにこの如意界を訪れることも可能**ですから、この場所は、死者も生者もまじりあって出入りしているという不思議な場所なのです。

この如意界では、心で望むものがそのまま現れてきますから、見たいものをすぐ見ることができ、聞きたいものをすぐ聞くこともできます。その効果は下界にも及び、肉体にも伝わるので、いわゆる「自問自答」の法が可能となるわけです。

この如意界の仕組みがなければ、人の思いに是非の区別をつけることすらできないでしょう。**人の想像力の湧きでるのも、この如意界の仕組みが心に及んでいるから**と言えば、多少は諒解していただけるでしょうか。

如意界に来て雨を連想すると雨が降り、風を連想すれば風が吹き、火熱を連想すればたちまち火炎に包まれます。思いのままに現れてきますから、まだ命数の尽きてないものが、ここに来ると、肉体と魂の絆はまだ切れておらず、魂の緒も切れていません。

魂の緒の切れていないものが蘇生したときに、それぞれの宗派の説き方に従って、極楽あるいは天国の様を語ることがあります。教主の仰せられたように、彼らはその信ずる宗教を連想し、その意のままに蜃気楼を作って、長く住もうとしているのです。

しかし、**この場所は永久に安住するところではない**ので、一度思いを変えるとたちまちその蜃気楼のような影は消え、次に想像したことが現れますから、新しい迷いが生じることになります。ですから、如意界から離れ、さらに安住すべきところに到達する必要のあることを認識[66]していなければまた宙に迷うことになります。

（再びセイキョウ貴尊の講話）

四　神仏を信じる者と信じない者

ここにおいて、**宗教心の強い者**と**宗教心のない者**は、**大きく違った道をたどる**ことになります。近代は、宗教心のない者が多くなり、その結果、浮住界に来て苦しんでいる者が多いのは遺憾とするところです。これに対して、宗教を信仰しているものは、迷信であっても正信であってもとにかく、神仏を信じているので、生命を終えても浮住界を経ないでただちに如意界に来る者が少なくないのです。

どんな宗派であっても**神仏を信じる者は、浮住界に来てもすぐさま抜け出てこの如意界に達します。**しかし、**神仏を信じない者は、浮住界を抜け出すことができないので永久に苦しんでいます。**仏教では、この浮住界を地獄と称し、如意界を極楽と称しているのだろうと我々は考

66　如意界の後には、選魂界、無言詞界、八大門等を経て、大霊界に移行してゆく、と未知日記には記されている。あまりにも広大無辺な世界であるので、本書では、一般の人が多く移行する世界についてのみ、ご紹介している。

えています。二、三の例を挙げて説明してみましょう。

一度死んだ（と思われた）のに、よみがえった者がいるということを見聞きした人がいるはずです。死んでから一日でよみがえる者、長い人は二、三日目によみがえる者も少なくありません。

仏教信者なら、こう言うことでしょう。

「私は死んでから、暗いところを通過して光明の輝くところにたどり着きました。そこは美しい花が咲き、美しい鳥の声が聞こえ、妙なる音楽が流れて、多くの僧侶が三宝を供養しているのを見てその門に入ろうとしました。その時、気高い僧侶が来て『お前さんはまだ命数が尽きてないからこの門に入ってはならない。お前さんはいずれこの場所に来て安住することがあるだろうが、それまでは下界に帰って多くの人にこのことを語り、一人でも多くの人を連れてくるのだ』と言われ、押し返されて目が覚めました」と。

また、神道の信者であれば、気高い神の前に来て、天国の模様を詳しく聞かされて立ち帰ったとか、それぞれの宗派に応じて、よみがえりの話を語っていることを聞いたことがあるでしょう。そして、よみがえった者が、宗派の説き方に従って、大同小異に天国あるいは極楽の様子を語っていますね。

五　死後の世界を信じなくてもよいが

一度死んで蘇生した者は、まだ魂の緒が切れていなかったので、いささか長い時間を眠っていたにすぎないのです。したがって、如意界に到達したとはいえ、**語る内容は実際、錯覚にすぎない**のです。生理学上から見ても、単に夢を見ていたにすぎないから、蘇生してどんなことを話しても問題になりません。

ところで、インドの行者が肉体を清め、一年余り土中に埋められたあと発掘してみたところ蘇生したという荒行の話はご存じでしょう。この場合は、肉体を清めており、腐敗する心配がなく、したがって魂の緒が切れないので蘇生することができるわけです。土中にいる間に如意界の真相を究めることができたということも推察できると思います。

しかしながら、命数が尽きて永い眠りに入った者の死後は、魂の緒が完全に切断されているので、魂の緒が切れていない人とは別に論じなければなりません。死後の議論は、神仏を信仰する度合いによっても異なります。死後の存在は、学理上は判断できる根拠がないので、死後は死後だ、と放棄している人も少なくありません。また、死んだらそれでおしまいとあきらめている人もいますね。

こういう人たちに対して、どうこうせよと勧めるのではありません。**信じなければ、信じないのも結構です**。我々の説を聞いて判断してみてはどうかと言うまでであって、しいて我々の説を信ぜよとは言いません。なぜなら、どんなに筆舌をきわめて語っても、事実を見せて証明することは不可能ですからね。信じるもよし、信じないもよし、いずれにしても我々の体験を語って、皆さんの参考にしておくにとどめます。

（以上第三節から第五節は、セイキョウ貴尊の講話）

第十章　日々の修練と心の持ち方

一　心身共に常におだやかなれ

世の人は、朝から晩まで絶えず何か考え事をして、心身を動揺させているようです。心身をいつも平穏に保つことが大事ですが、危機に遭遇した場合、これを処理する力を養成しておかねば、いざというときに慌てふためいてしまう恐れがあります。いかなる事態に遭遇しても少しも動じないという修養を積もうとすれば、まず日々を平静に保つ必要があります。

世の人は、調律していない楽器で雑曲を演奏しているので、いざ改まって一曲を奏でようとしてもうまく演奏できないものです。それはちょうど、雑念妄想という雑曲を調律していない楽器で演奏するようなものですね。いたずらに雑音を発するのは、他の人を妨害しているにすぎません。したがって、心身の楽器を毎日手入れして、いつでも名曲を演奏する準備をしておかねばなりません。

人の道を歩もうと心掛ける人は、**まず日々の行をなおざりにせず、自分に課された使命に従って、それ以外のことに心を移さないようにする**ことが肝要です。自分の使命をおろそかにして他の道を進むと、心と身が二分されてしまうので平静を保つことができません。自分の使命に従って歩みを進め、使命に関連する事柄を学んで行くなら、心身が二分される心配もなく平静を保つことができます。これが賢明な行です。

肉体だけが健全で自由に動き回れても、それは単に有形の力が優れているだけのことです。かえって、肉体の健康に依存しすぎて平穏を失い、そのため知能の働きを阻害するので、心身全体の能力を発揮することができなくなります。**健康な肉体を平静に保ち、これに加えて知能の働きを活発にさせる**なら、身体と知能が一体化し、初めて正しい本然の力を現すことができるでしょう。

また、**肉体が強健でない人**が知能のみを働かせるならば、これもまた一方的となり、肉体がより虚弱となってしまうでしょう。斯様な人は、**知能を平静にして肉体の健全を図る**必要があります。これらのことに意を用いて、常に心身共におだやかにすることが肝要です。

二　幸福とは心を愉快にすること

世の宗教の説教には、

「善行は肉体を苦しめ心を楽しくする。しかし悪行は身を安らかにするように思われるが心は安らかでない。善行は心を明るくし、悪行は心を暗くする。身を安らかにしようと欲せば悪魔に誘われ、心を安らかにしようと願わば神に誘われる。悪魔に従って身を安らかにするか、神に従って心を明るくすべきか。いずれを択ぶとも、人間の意志まかせだ」

というものがあります。

皆さんは、どう思いますか。身体と心が一緒に死ぬと考えますなら悪魔だろうと蛇、鬼だろうとそんなことはかまいません。うまいものを食べてきれいな着物を着て、ありとあらん限りの贅沢をして死んだらよいのですが、困ったことには心[67]は死んでくれません。私のようにまだ生きていて、皆さんにこのようなおしゃべりをせにゃならぬ不思議なことに[68]なります。こう申しても、あなた方が、「肉体という器があって、心は保存されているのであって、肉体が失われたなら心も同時に消滅する」と考えられるなら、まあ、一度死んでみることです。しかし、それは出来ますまい。

67　ここでのミキョウ貴尊は、人間精神の三層、「心・魂・霊」を統括して、「心」と言っていると思われる。
68　チベットにて肉体を脱し、そのまま天界に引き上げられた後も、慈音師との通信を続けられたミキョウ貴尊（円海大師）ならではの表現である。

昔から、冥土より便りがあったためしはないと言います。ですから皆さんは、心も一緒に亡くなってしまうものと思うことでしょう。こうして、いつまでも肉体にとらわれて、心のことが後回しになるのです。「死んだらそれまで」と思い、生きている間は肉体に重点を置いて生きるのが、どうやら人間の本性のように思われます。

そして、天国、地獄というものはあの世にはなく、死んでしまえば身も心も消滅するに決まっていると考え、神も仏も実在するものではないという人が大勢いますね。

一休和尚も、「釈迦といういたずら者が現れて、多くの人を惑わせにけり」と説いていますね。こうしてみますと、地獄極楽なるものは存在しないという思いになります。

しかし、人々は心は消滅すると口で言いながら、その舌の根が乾かないうちに、不安の想いを抱いているのを私は知っています。心は死ぬのか、死なないのか、誰しも迷うところですね。もしも心が死なないとするなら、心の持ちようを工夫する必要に迫られます。釈迦も達磨もそう考えました。

生きようとしても死のうとしても、生ある限りは死ねないものですから、そこにもまた悩みが生まれます。明日のことすらわからない身で、未来のことなど考えても、無駄なことで、心は無駄に労するばかりとなります。何の利益もありません。そんなひまがあるなら、ミキョウの話でも聞いてみようかと軽い気持ちで聞いてください。

とかく人間は悩みが多すぎる。悩んでそれが何になる。くよくよするのが身体の毒、世間並みのことをして人と争わず、仲良く暮らさばよいではないか。人間の世界にいて、神や仏の真似事をしてみようと考えて、見たことも聞いたこともない天国の世界は斯様なものであろうかと想像をたくましくして、四角ばったり角ばったり、威張りかえったところで、人間はやはり人間、汚物を排出する醜いものではないか。

珍味佳肴《かこう》も厠《かわや》の中では美味ではあるまい。ここの処を考えてみよ。はたして厠で美味を食うような生活をあえてしてまでも、世を欺こうとする人間の精神はどこにあるのか。偽らない生活をして世を過ごしたならば、それほど気楽なことはあるまいに、なぜ人間は表面をつくろうのであろうか。

人間は何のために作られたのか。その根底を知らないで枝葉にのみ心を向けるので、「要は、人の頭《かしら》となればよい」といった理屈が生じるのです。人間はいかに生きるべきか、それを知るには根底を探らない限り明答は出てこないでしょう。

果実を作ろうとする場合、その目的は幹を太くすることではなく、優良な果実を得たいということですね。それと同様に、人間を育てるのは肉体を養うことではなく、人を育てるのが目的です。では、人とは何でしょう。人間の結実とは何かと考えると、いうまでもなく**心身を完全に実らせるということ**です。

肉体は必ず滅びる時が来ますが、心は滅んだ肉体に再び宿ることはありません。それは誰しも知っていることですね。してみますと、心というものは、死ぬと死なないとに関わらず大切なものです。肉体が苦しむと、結局は心に影響を及ぼすのですから、逆に心さえ満足するなら肉体も苦しまなくて済むのではないでしょうか。

人に品物を宅送するとき、荷造りを厳重にしておかないと中の品物が傷つく恐れがありますね。同様に、**人間の心は荷物で、肉体は荷造り**ですから、厳重に包装しないと心という品物に傷がつく恐れがあります。だから健康という荷造りも大事なのです。肉体が丈夫で、心が愉快ならどんな食べ物もうまいものです。だが、身体が弱いと美味を感じることができませんから、心も不愉快となります。

まとめていうと、**人の道とは心という荷物を大切にして傷つけないように工夫すること**と言えます。そうして、**幸福とは、心を愉快にすることを早く知り得た人**といえましょう。心を完全に（傷つけずに）保存することのできなかった人は、たとえ千万の金を蓄えたとしても、倉庫の番人にすぎないのです。

朝夕に化粧をするとき、自分の心も鏡に映っていると思って修養しなければなりません。顔形が映るなら、心も一緒に映っていると思って鏡に向いて化粧すると、麗しさが一層増すことでしょう。

三　汚心を脱し汚魂を抜く

醜い心は汚い心であり、その**汚心を起こさせる原動力に相当する心を汚魂**と言います。言い換えると、汚魂は根であり、汚心は枝葉と言ってよい関係にあります。この枝を抜き、その根を抜くこと。これを脱汚心、脱汚魂の行と言います。しかし、この行は極めて困難な山中の苦行を伴いますから、修行者の大半は苦痛に耐えかねて下山するのです。

修行を専門とする行者は、苦痛に耐える行を重ねなければ極意を許されないのに、皆さんはこのような苦行をしなくても道を修められる幸福に感謝せねばなりません。

皆さんは、これまで述べてきた教えに従って、動物性の汚心を祓って人間性の初日を拝する喜びを味わいましたが、まだ汚魂という根っこが残っている以上、汚心の枝葉は再び繁茂することになります。したがって、**汚魂を完全に抜いて焼き捨てなければなりません**。これを除去するには、人間性の念力をもってすれば、根絶は容易となるでしょう。

さて、汚魂を抜くやり方は、一時に根を抜く方法と枝葉より徐々に抜いていって最後に根を抜く方法と二種あります[69]が、原理は同じです。動物性の根っこを根絶するには、念力を強く養成していかねばならず、それ以外に方法はないでしょう。

念力が乏しければ、気光素の働きも薄弱です。気光素は念の力に応じて働くゆえに、気光素が乏しければ勇気も減退します。勇気がなければ、精神上に及ぼす影響はきわめて弱くなり、物事をなすにも緩慢となって、どうにでもなれというような放任的態度となり、ついには肉体までも病苦に犯されるでしょう。そうなれば、再起は容易のことではありません。ゆえに勇気を育てるには、念力を強くする必要があります。

とにかく自力であれ、他力であれ、**結局は信念を強くすること**です。修験者が深山幽谷にこもって難行苦行を重ねるのも、念力を強固にすることに他なりません。

皆さんの多くは我意と念力を同じもののように思っていますが、我意は執着心を強くするだけであり、無益の心です。ゆえに我意はどんなに強くても限度があり、挫折してしまいます。しかし、念力には限度がないので、挫折することはありません。限度がないゆえ、念力の強い人は悪い方向に働かせると、仇をなす悪念となることがあります。良い方向に働くと、病を克服する力ともなるのです。

世の人は「自分は人間なので偉大な力を持っていないから神仏の力にすがって救われたい」

と考えていますが、その**頼みの心こそ、念力を増大する一つの方法**で、いわゆる**「神仏の力」とは、自らが有する霊の働き**なのです。

また、迷いがあると、念力は決して増大しないのです。迷いは二心ですから、念を求めるなら一心でなければなりません。念は善悪を問わず働くので、用法が大切であることは言うまでもありません。

したがって、宗教者にあっては神仏の念を求めることが必要です。なぜなら、神仏は正しい念を念としており、悪念を退ける助けとなるからです。私も在世中に仏道を修めていた頃は、自力と他力についてよく議論をしたものでしたが、かれこれ論議する間は真の信仰は得られませんでした。論議よりも信心が大事です。

四　信仰の四種

信仰者にはいろいろな形態がありますが、大別すると四種類に区分することができます。第一に、見聞信仰に走っている人、第二に肉体信仰にとらわれ精神信仰に至っていない人、第三

69　一時に根を抜く方法は危険で、一般的でないため、原文でも省略されている。本節で念力の強化が説かれているが、これは徐々に抜く方法といえるだろう。

は、精神信仰にとらわれて肉体信仰をなおざりにしている人、そして第四に、心身共に正しい信仰に入っている人です。

第一の見聞信仰についていうと、外面的と内面的の二種あります。**外面的な見聞信仰**というのは、さまざまな書物を読むものの、これを咀嚼《そしゃく》する力がないので外面だけを知って、真の信仰には入っていない人のことです。これらの信仰者は、いかにも外面は信仰している風に見えますが、内心には何ら信仰がなく、世間を欺いているのです。

このような信仰者を我々修行者の間では「滝裏信仰」と称しています。滝の裏は水が流れず汚れがたまっており、滝の表だけ滔々と水が流れ落ちているからです。世の中には、この種の信者が多く、信仰者のほとんどが滝裏信仰と言っても過言ではないでしょう。

また、**内面的な見聞信仰の場合**は、表面には「神などを信じるのは弱者であって、何不自由ない健康者には神などの必要もなく、たとえ神があってもそれは世間を治める一種の方便にすぎない」など論じていて、内心には、「神がありはしないか」との思いを蓄え、人目のない所では神に祈るような人をいうのです。これらの人は、表面には神などいないと言いふらすのですが、内心は安からず、神をおそれている人も多いのです。

第二に、**肉体信仰**にとらわれ精神信仰に欠けた人というのは、利欲のために信仰し、利欲が得られないとなると他に方向を転じる人のことです。自分に利益を与えてくれない神仏であれば、頼むかいがないといって信仰を捨てる人のことです。このような浅薄な信仰者は、無知識の人に多いものです。

第三は、**精神信仰**にとらわれて肉体に無頓着な信仰をしている人のことです。このような人は、「我は我、神は神」と我と神を常に切り離して別々の行動をとっています。ですから、神の前では手を合わせても、神前を去ればあえて人を欺くような行いをする人が多いのです。この種の人は、少し知能に優れた学者、知者に多く見受けられます。

第四の**心身一体の信仰**にも、物欲より生じる信仰とそうでない信仰と二種あります。世の人は、物欲にとらわれて神仏に帰依《きえ》する人が極めて多いのです。これらの人は、結果的に肉体または精神に傷を受けることになりますが、それは利欲という不可解なものがもたらす災いといえます。また、現在は貧しいが、来世は福徳円満の階に入りたいと願うのは、これも利欲の信仰に他なりません。他方、物欲を離れて心身一如の信仰を持つ人は、心身共に傷つけられることはありません。

ただし、心身一如の信仰と言っても、精神面が二分、肉体面が七分というような信仰は、傾きやすいものです。精神的にも肉体的にも半々の一体化にならなければ、真の信仰は得られません。

五　己が世を救おうというのも欲である

世の人が信仰に入る動機は、最初は欲望から入るので、神仏を知ることが難しいものです。すなわち欲望という一種の障壁に妨げられて、真の神仏に帰依することができないのは、因果の法則によるものです。

慈音は早く修行を終えて、いささかでも世を救おうと思っていますが、その救おうとする欲望に妨げられて己の行が進まないのも、因果の法則を知らないからです。世を救おうと思う心を早く捨てて行じれば、かえって成功は速やかとなります。因果の理に合うからです。

慈音は世を救うのではありません。世を救うも救わないも、それは神の心次第でしょう。それを、己の力を増大して、それによって救おうなどとは、いまだ正しい信仰を得たものとは言い難いのです。

では、利欲を目的としない真の信仰とは、どういうものでしょうか。簡潔に言うと、神仏を知ろうとするなら、まず神仏の有無を議論することをやめ、何かはっきりわからないまでも自分の心身にやってくるものをそのまま受け入れ、それに和する信仰でなければ、心身一体の信仰となりません。これはいささか難しい説明なので、理解しがたいと思います。これについては、追々語っていきますが、自然に皆さんの心にいつとなく食い入ってきて、ああこれなのかと自得することができるでしょう。

とにかく、欲を捨てることです。**世を救おうと図るのも欲**です。自分の行為を世に役立てようと計ることも、自分の価値を高めようとする考えより生じる優越感が潜んでいるので、そこに一つの隔たりが生じ、神仏と同化することができなくなります。

我々は、世を救いたいという意志そのものを捨てよ、と教えるものではありません。神の声を聴き神の指図に従って行動すれば、世は自ずと救われるという道理をなぜ考えないのですか。自ら世を救おうという考えは、その中に己というものがあることを考慮しなさい。

己によっては世は救われないが、かといって、己がなければ世は救われないでしょう。修行する者は、**まず救世の考えを放棄して、一心に神仏に帰依し続けるなら、神仏の力が加わって世が救われる結果となります。**因果の法則に基づいてそうなるのです。

（以上ミキョウ貴尊、もと、円海大師の講話）

第十一章　大智を求めよ

一　祖先、地球と太陽の親への感謝

戦後の日本には、民主主義を主唱して家族主義の撤廃を盛んに唱える不心得者が出てきましたが、それに伴い祖先崇拝の気持ちも一掃せよなどと訴える民主主義の誤解者も出現してきましたね。我々は、この様子を見てただ唖然とするばかりです。実に無知蒙昧の甚だしいのに驚くほかありません。

いうまでもなく、皆さんは、**肉体の親だけでなく、地球の親、太陽の親の恩恵**を受けて、人並みに生まれていますが、少しも五体満足に感謝せず、当然のように感じて、なお不平不満を叫んでいるとはどうしたことでしょう。天理に反していると思いませんか。人として感謝の心がないなら、それは他の動物にも劣ると言わざるをえません。この感謝の気持ちをさらに深めていくことは、生中の生[70]より永遠の生にかえるための道案内者と言ってよいものです。

親から祖父母へ、そして祖父母から曽祖父母へと思いを巡らせていけば、感謝の念がみのり、もったいないという実を結びます。感謝の心が生まれると、自然と祖先を拝みたくなるものです。

もちろん、地球や太陽の親に感謝したからと言って、あるいは感謝しなくても地球や太陽にとっては全く痛くも痒くもありません。**大事なことは、地球や太陽の親とも、和合、同化することです**。皆さんは、一家が和合し、一村、一国が和合する精神が大事だと語っていながら円満な家庭も村も数少ないのは、どうしたわけでしょうか。これは、和合、同化の仕方が間違っているからではないでしょうか。

さて、ここから深く考究してみてください。つまり、父母や祖父母、祖先に近づいて何を得ようとするのかを深く考えてみることです。皆さんも、時期が来れば、夫となり妻となり、さらには父となり母となり、祖父となり、祖母となるのが順序ですね。はじめから祖父母として生まれてきたのではないはずです。けれども、皆さんがこの世を去って、二度三度とこの世に生まれてくるとみて思いを進めると、どういう結果になるかを考えてみてください。

70　相対的な（生死をともなう）生、という意味だと思われる。

例えば、あなたが孫をもうけた後この世を去り、その孫が成長してもうけた子は、あなたの再来であると仮定して考えるとどういう結果になるでしょうか。この場合、あなたが孫としていつくしみ育てた子は、いまはあなたの親としてあなたを育てることになります。子供であった者が、むつみあう親に変わるのです。「世は回り持ち」という諺は、この道理を示していますす。親が子となり、子が親となるのも同じ「回り持ち」の道理と言えましょう。あなたの親が、あなたの子として生まれてくるかもしれないのです。

もっとも、現在の学説では、生まれ変わりの真偽を判定することはできていません。ですから逆に、真偽が判定されるまでは、**生まれ変わりはあるとみなして、祖先を尊ぶ美風を遺しておくのがよい**のではないでしょうか。また、真偽にかかわらず、世を治める方便としてもよい風習ですから永久に残してほしいと我々は切に望んでいます。

現在、世界の学者の間では、血族関係を重視し、やかましく論議しているようですが、霊的な関係についてはまだ研究が遅々として進んでいないので、霊的方面をあまりにも軽視しすぎているように見受けられて、我々は極めて遺憾に感じているところです。

二　人界から天界へ

ある人は、こう言います。

「世に生まれたなら、滅びるも生きるも天地の自然に任せておくのがよい。生きるも死ぬも、おれたちの知るところではない」

また、別の人はこうも言います。

「計りがたい死後のことなど考えるのは、閑人が時間つぶしにする作業に任せておき、暇があるなら一鍬でも土地を耕すのがよかろう」

こういった話を聞いてあなたはどれを選びますか。選ぶのは自由ですが、私に言わせれば、いずれの発言も大悟した人が口にする言葉でしょう。悟ってもいないのに、このような発言をしても、それは空念仏であって、机上の空論にすぎないのです。

私に言わせれば、そもそも**人の魂は不滅の世界の末端から中心に還ろうとする旅**を続けているのです。人の魂は、小さい河や低い山を越えて村（小動物界）にたどり着きます。さらに大河や深山をすぎて町（畜生界）に至り、そうして人間界という大都会に入るまでには、高山を突破し砂漠も越えてようやくたどり着くものです。ですから、人間界という大都市に来るまでの苦労は並大抵のことではありません。

皆さんはこの労苦を何度も繰り返したいと思いますか。思わないでしょう。魂の変遷という道理は、現在は解明されていませんが、今後科学が進展するにつれて明らかになるはずです。

人間は肉体の苦楽を知っていますが、牛馬の苦楽については知りません。もし、牛馬の苦楽を知るなら、人間に生まれたことを悦び、さらに次なる天界への旅をいろいろと連想して希望に胸を躍らせることでしょう。皆さんは、人間界の見学を終えて、天界の大海原に乗り出す船の出帆を待ちますか、それとも牛馬の世界に引き返しますか。

人間界に長くとどまってむなしい月日を過ごしていると、天界に行く船は出帆して取り残されてしまいますから、昔の古巣に舞い戻るほかなくなります。ですから、**早く人間界を見学して乗るべき船に遅れないよう準備する**必要があります。その訳を考えていくと、生死を明らかにする意味は自ずと悟ることができると我々は思います。皆さんは、この重大な生死の意味を深く考慮してください。

ところで、「人間界はすべての段階を上りつくした最後の段階だからそれで一切は終わりだ」と考えるなら、一日でも長生きをしたいと思うことでしょうが、事実はそうではありません。人間界から天界に進む道があるのです。

三　生きた学問を目指せ

あるところに数万巻の書物を読んだ博識の学者がいました。しかし、彼には理解できないことが一つあり、どんなに考えても満足できないので、ついに書物を全部焼き捨てて旅に出ました。ある夜、一軒の家に宿を借りたところ、宿の主人は「貴殿はどこまで旅するのか」と尋ねました。

学者は「実は行くべき場所がわからないのです。一つの難問に出会っており、解決できねば死ぬしかありません」と答えました。

主人は「難問というのはどういうことか」と聞きます。学者はこう答えました。

「ある学徒がやって来て、『先生は学問をして何をしようとするのか。学問をしてどうなるのか、何になるのか』と質問され、『最終的には神になるのだ』と答えたが、学徒は『神になるとはどういうことか、神になってどうしようとするのか』と追求したので、最後はとうとう『それは知らない』と白状しました。

その学徒は、『学問とは明るいものと聞いていたのに案外暗いものですね。このような学問を学んでも迷いばかり多く、いたずらに心を苦しめるだけです。得るところが少ないので、学ぶ必要がありませんね』と言って立ち去ったのです。門人の多くは、彼を罵《ののし》りましたが、よくよく考えてみると彼のいうところに一理がありました。

結局のところ『これは何になるのか』という疑問を解決しなければ、道に行き詰まるのです。『自分は学問して何になるのか、自分は様々なことを知っているからかえって迷いを深くしたのは事実だ』と思い、書物を焼き捨てて旅に出ることにしたのです」

宿の主人は笑って言いました。

「話を聞くと貴殿の学問は生きた学問ではなかったようですな。書を焼いたそうですが、焼いて何になりますか。また、旅をして何になりますか。旅費が尽きれば死ぬまでと言われますが、死んで何になりましょう。何になるかという疑問は、尽きることがありませんね」

「もし貴殿が生きた学問をされていたなら、何になるかという疑問詞は必要ないはずです。貴殿はいささか学を誇り、根底を誤っていたので、死んだ学問を追いかけていたのです。早く迷夢をさまして、貴殿を苦しめた学徒の門をたたいて彼の教えを受けてはいかがですか。そうすれば、旅の必要もなく、死ぬ悲しみもなくなるでしょうよ」

その学者はこれを聞いてはっと目覚め、立ち返ったという話があります。**学問にあっても生死のあること**に気づいたのでしょう。生きた政治をしていない政治家もまた同様です。宗教家、芸術家についても同じことが言えます。皆さんも、生死を明らかにしようとするなら、暗闇を追わず明光を求めなさい。人の根っこ[71]を確認して、正しい肥料を与えれば、枝葉は永久に繁茂するはずです。

四　日々の生活に生死あり

皆さんは「生は難く死は易し」という言葉をよく口にしますが、それはどういう意味の生死でしょうか。おそらく、肉体の死活のことを指しているのでしょう。そうだとすると、まだ皆さんは生死の真相を把握していませんね。肉体の生死を論じるなら、少しも手間はかかりません。こういう浅薄な意味の生死なら、泡を飛ばして議論する必要もありません。

しかし、我々の語る生死は皆さんの認識とは異なります。皆さんは、死というと肉体を捨てることと誤解していますが、実は**皆さんの日常の生活こそが真の生死**なのです。ここをはき違えているので、正しく生死を解明することができないでいるのです。

霊界にいる我々が、今まなこを下ろして皆さんの世界を観察してみると、生きた人間が稀であることに驚くのです。生きた亡者がなんと多いことか。欧州はもとより、シナ、日本、イン

71　人根すなわち人魂、人に与えられている魂魄《たましい》のことであろう。

ドその他もすべて死人の山をなしているではないですか。餓鬼道、修羅道、あるいは畜生道に落ちて阿鼻叫喚している声は、皆さんの耳にも聞こえ、日々の報道でも見聞きしているではありませんか。生死を明らかにすることが困難であるというのは、このことを指しています。

真に生きることは難しく、死ぬことは容易です。ではどうすればよいのか。私が前に語ったように太陽の光を追って進めば暗闇はなく、これに逆行すると明光はなくなります。生より生に進む者と死より死に進む者は、明暗の相違なのです。暗きを求めているものを目覚めさせ、光明の光を早く与えてください。そうしなければ、生きた亡者は浮かばれません。

皆さんは、昼の旅を好むけれど夜の旅は好ましくないでしょう。しかし盗人は反対です。彼らは死んだものですから、いつかは役人という鬼に捕らわれて地獄に投ぜられるのです。正しく生きる人には役人は仏に見え、悪人（死を追う者）には鬼に見えることでしょう。

私が宗教臭いことを語っているように思われるでしょうが、よく考えてください。理のないことではないはずです。皆さんは、生きた旅を続けますか、それとも死の旅を続けますか。あるいは、半生半死の旅をしますか。それは皆さんの心にまかせましょう。しかし、早合点してはなりませんよ。このことは一見理解したように思えても、容易には悟りがたいものなのです。

肉体が無くならなければ、死後ではないと考えるなら、それは誤りです。昨日は過去であり、今日は現在、そして明日は未来、すなわち来世であることに留意してください。いえいえ、この言い方も正確ではありません。一分前と一分後のことを考えてください。いや、一秒単位で考えると、毎秒、来世から来世へと移行していることがわかるでしょう。以上のことをよく考えて、皆さんは生に順ずるのか、死に順ずるのかを定めてください。**滅後は一秒後にも迫っているのです。**

五　大智を求めて信仰の道へ

人はとかく頭だけに重点を置き、頭脳明晰であれば智者であり、明晰でなければ愚者であると結論付けます。すべては頭脳の働きによるものと考え、頭脳を明晰にするために修養し修行すると考えるのが普通です。しかし、我々に言わせれば、**頭脳は肉体を働かせる一種の機械あるいは一か所の役所とみなしてよい**ものです。

いわゆる頭脳は一つの役所とみるならば、役人が権力の強弱に従って国土を治めているように、頭脳もその強弱に沿って肉体を治めているのです。役人には、命令を下す上位の者がいないと役所を統制することができません。同じように、頭脳も、命令を下す上位の者がいないと、頭脳を統制することができないのです。

では、頭脳は全く必要ないかというと、そうではありません。頭脳の働きを人体に向けず、人体を霊化させて初めて大智が得られるというものです。皆さんは、肉体を養うために心を用いていますが、神から与えられた肉体は霊智という実を結ばせるために与えてくれたものと考えて修行を積んでいくことが大事です。肉体には限度があり、ある期間地上に置かれますが、霊智は永遠であると考えると、修養の道が明らかとなることでしょう。

前にもお話しした泰岳[72]を手本とすれば、自ずと皆さんの考えも一変することでしょう。**泰岳は浮世の小さいことに意を用いず、大なる神界に向けて心を働かせたので、大きい実を結ぶことのできた大智者**でした。

泰岳の頭脳は非常に強大で、決して愚者ではありません。皆さんは、修養修養と言っていろんな書物を読んだり、実地に見聞を広めたりすれば、それで智慧は増大するものと考え、文献や見聞を求めすぎるので頭脳はかえって様々に動き回り、是非の判断も明らかにすることができないでいます。こうして、修養したことがかえって脳髄を痛めるので、一定のものを把握する力を失うことになります。そうなると、ただの物知りにすぎないということになります。

教主が説かれたように、[73]**「一法を修すれば万法に通ず」**という道理はここにあります。泰岳が一法を修して万法に通じたのも、この大智の力の故です。霊智の働きによるものです。

この大智、霊智は、肉体があってこそもたらされた結果に他なりません。ですから、肉体は大切なものです。**有限界から無限界へ**と進んでいけば、このように大悟を得ることができます。皆さんは、有限界にのみ心を奪われ、無限界に重点を置かないので、大悟を得られないのです。したがって、今より心を改めて、いや思いを改めて、無力なる有限界を捨て無限界を体得することに努めれば、ここに初めて確定信仰の道が明らかとなって開かれていくのです。

六　心の汚物を排出するには

世の人は修養と称していろいろな塵埃《じんあい》をたくさん取り入れているので、かえって大切なものを汚し、それを枯死させていることが多いのです。座禅静座や読書読経も必要でしょうが、**塵埃を多く取り入れないように平素から心がけておれば、座禅や静座の必要もないはず**です。平素の心掛け一つで、不要なものを取り入れなければ、いつも身心魂がともに浄化され清らかとなるでしょう。

空になれとか、精神を統一せよとか言うけれども、普通の世の人には望みがたいことですね。

72　行者の泰岳大師のこと。この方の詳細については、第四章第六節をご参照ください。
73　教主は未知日記において、「法の原理は一つである」という旨のことを何度か仰せになっている。

無我の境地あるいは禅定三昧などということは、口で言うのは簡単ですが、普通の人は実行しがたいものです。では、ほかに方法がないのかというと実はあるのです。我々の言う**自問自答あるいは拝みの法を行えば、日常生活に追われていても、その傍ら行えるので、知らず知らずの間に同様の境地に達する**ことを保証します。

無我の境地や禅定三昧といった特殊な方法は、一時は悟りを得られたとしても覚めればまた元に戻るものです。悟りを持続しようとするなら、絶え間なく継続して行わなければなりません。しかし、日々の生活に追われながら持続することは容易ではなく、世間一般の人にはとうてい期待できないものです。

このような難しい行を行うよりは、仕事の傍ら常に油断しないで自問自答し、あるいは拝みをしていると、それで心に塵埃は積もらず、常に清浄となり、望みをかなえるのも難しいことではありません。明るい心が清められて、すがすがしくなります。この点に着目して試みてください。

しかし、**懦弱《だじゃく》[74]の心となってはなりません。**皆さんは、心を明朗とせよと言われた時に、誤って懦弱の心に変化することが多くあります。酒に酔ってたわむれるごときは、心の明朗ではありません。これらは堕落の心で、濁り切った悪心なのです。よく我々が見るところですが、芸術家の中に斯かる者が多いのです。わけて文士などにも多いのは、苦々しく感じられます。

酒に酔って名文を認めたとして、それが何になるのでしょうか。いわゆる机上の空論とは彼らの挙動のことです。とにかく言行一致するのでなければ、正しいとは言い難いのです。また清浄とも言えないでしょう。言行一致して平和を早く構成することを我々は祈るものです。

七　大望を持って智慧を求めよ

頼みがたいものを頼もうとするのは人間の性質ですから、自分の力のほどをわきまえずに人並みに願望を持つことがあります。そして、「彼はあまり努力をしないのに財を得ている、自分は彼以上に努力したのに、財を得ることができなかったのはなぜだろうか」と考え、ほとんどの人はそれについて神のいたずらとか自然の現象とかに原因を求め、仔細に検討しようとしません。

宗教者は、それは因縁によると説き、儒学者は単に運命にすぎないと語っていますが、**決してそうではありません。**これは、いわゆる智慧の足りない結果生じる道理なのです。財宝を得た彼の行いと同じことをしても思うようにいかないのはなぜか、それは智慧を働かせず、彼の

74　気持ちに張りがなく、だらけているさま。

真似をしているばかりだからです。

「一寸先は闇」という諺がありますね。将来を知っているのは神のみといいますが、その神が存在すると信じている人はわずかです。では神を信じないで将来を推察しうるものは何でしょうか。神を信じないなら、それは智慧をもって測るほかないでしょう。

そうすると、智慧を増大することに望みを置くなら、神を知らなくてもよいという理屈もここで生まれますね。神の有無はしばらく置くとして、智慧を増大させる原動力なるものは一体どこにあるのでしょうか。すべては智慧とすれば、その智慧の起こる源を追い求めて、正しい大智を得ることに努力してみてはどうですか。

皆さんの住んでいる世界には限りがありますが、全宇宙には無限のものが備わっています。限りある世界を離れて、無限の世界に一歩踏み出さなければ、大智の根源を得ることはできないと思い、一段の工夫と努力を要すると考えると、希望は無限に進んで尽きることがないはずです。皆さん、大望を捨ててはなりません。小欲を捨てなければ、大欲を得ることは難しいのです。いわゆる有限界を抜け出さなければ、無限界に入ることは難しいということの意味をよくよく考察してさらにさらに工夫を重ねてください。

（以上セイキョウ貴尊[75]の講話）

八　ウドの大木になるな

我々は、皆さんを安楽な方法で導きたいので、正しい道を示そうとしているのです。皆さんが、今日の位置まで来られたのは、安楽へ向かう経路をたどって来たからともいえます。だからこそ、動物界より、人間界に移されたことに感謝してさらに歩みを進めてほしいものです。逆行したならば転落してまたも憂目を見ることは、火を見るよりも明白です。

皆さんは、形を有する混合食を摂取しているため、肉体の組織もこれらを消化せんがために様々な備わりを有しています。しかし、そのような食事を摂る必要がなければ、肉体の備わりも変化するのは当然です。**人智が進めば肉体の組織も変化してゆく**のは、生理学上から見ても理論は成立するでしょう。

現今の医学[76]では、虫垂（虫様突起）を不必要なものとして摘出していますが、それはまだ学理を究めていないからです。食事のなかで動物性の養分を盛んに摂ると、消化力が衰え、虫垂

75　昭和二十一（一九四六）年に、円海大師がミキョウの位に就任された際、ミキョウの位からセイキョウの位に進まれた天人である。詳しくは慈音評伝をご参照ください。

76　ここでの「現今」とは、昭和二十五（一九五〇）年頃を指す。執筆現在では、虫垂に存在するリンパ組織が、粘膜免疫で重要な役割を果たすＩｇＡの産生に重要な場であり、腸内細菌叢の制御に関与していることが研究成果として発表されている。

を痛めますから、虫垂を切り取らねば人命に危険が及ぶようになるわけです。しかし、虫垂がある以上、虫垂を弱めない食事というものをまず研究すべきで、そうすれば手術は必要なくなるはずです。**虫垂を切断すると、知能の関係に大きな影響を及ぼす**ことは、言うまでもありません。無用のものではないのです。

無用と思われている虫垂も、様々な働きをしていて必要だからこそ、神はこれを作られたのです。人智が進んで（虫垂が）不要となったならば、神は決してこれを作り給うことはありません。皆さんは、ただ食物を通じて肉体を健全にしようとして余分なものをあまりに多く摂取するので、かえって肉体に変化を与えています。一見すると健全なように見えますが、実際は動物性本能を発揮して不健全な知識を作り、その結果、いわゆる「ウドの大木」を作っているのにすぎないのです。

山間幽谷にあって修行している行者を見なさい。肥満強大の者は一人としていません。しかし彼らは健全で、険しい山岳をも飛鳥のように駆けまわって疲労を覚えず、百歳以上の年齢を重ねてもなお、小児のような活動をしているのを見れば、皆さんは驚嘆するのほかないでしょう。

医学上より肉体のみ健全だといっても、**神の眼から見たときに精神が健全でなければ、それ**

はウドの大木に等しいのです。

九　神仏の方向に波長を向けよ

以前掲げた話[77]ですが、ある僧侶が、道端で乞食が寒さに震えているのを見て自分の衣を脱いで与えました。ところが、乞食は一言の礼も言わないので、「なぜ感謝しないのか」と問うと、乞食は「お前さんの方こそ施しをしてなぜ感謝しないのか」と反問します。僧侶はこれを聞いて赤面し合掌して立ち去ったということですが、皆さんはこの話を聞いてどのように思いますか。

わが物でないものを他人に施して、他人から感謝してもらおうというのは、僧侶としてすべきことではありませんね。僧侶は、仏の命によって施しをしたのですから、僧侶は仏に対して感謝しなければならないのです。仏の力によって衆生を救ったのですから、仏に対して感謝すべきものです。

皆さんは、**神仏の家僕であって、神仏の命によってすべての務めを果たしている**という考え

77　この話は第七章第三節にて掲載済みである。

で行動しておればよいのです。一つの命令を受けて務めを終えれば、神仏から賞せられます。神仏に賞せられたとき「ありがたい」という言葉になって現れてくるのです。そして再三再四、務めを粗略にせず、賞せられる度合いが加わるに従って、かたじけない、もったいない、と（神仏からの）賞が深くされます。

「何事のおはしますかは知らねども、勿体なさに涙こぼるる」という程度にまで賞せられて、ここに初めて神仏と皆さんとが接近して、その姿をも拝するに到るのです。難しいことではないはずです。また、理に外れた教えでもないでしょう。

ここに注意することがあります。**我々の導きと宗教者の指導とには相似て相違があります。**宗教者は一方的な説であるがゆえ、ややもすれば瞑道（迷道）に陥りやすいのです。

仏教者のように無常観のみ語っていると、人心は陰鬱となり、活気を失うことも多いでしょう。あまりに神仏を恐れさせる結果、陰鬱となってゆく傾向があるのを、我々はよく知るところです。仏教信者の中には、涙もろく、よく嘆く人は多いです。しかし**日本古代の神道の教えがあったころ、そのような人は少なく、活気にみなぎった人が多かった昔を我々は知っています。**

全世界の宗教者はこれ（仏教の例）に類することが多いです。これはみな誤った導きをしているのが原因です。**我々の導きはただ皆さんに、天界の姿を知らせんがために語っている**に他ならないので、**宗教者と同一の思いでこの書を見るなかれ**、と注意しておきます。

ともかくも皆さんは神によって作られた存在ですから、皆さんには己というものがありません。よって、神の命に従って行動しなければ使命を果たすことができないのは言うまでもありません。すべて自己中心に物事を考えるのは、わがまま、気ままということですから、そのわがまま、気ままを捨て天の与えた使命に順応する道を考究しなさい。そうしなければ、霊気を知ることが難しくなります。神に順応するとは、霊地の徳[78]を知るということだと思えばよろしい。

（以上第八、九節は、テッシン貴尊の講話）

78　未知日記で説かれる精神の三層、すなわち心・魂・霊の捉え方として、霊という土壌（霊地）に魂という木の根が張り、そこから心という枝葉が繋るという解釈ができる。霊地の徳とは、魂、心を育む徳のことであろう。

第十二章 厳戒の辞——全宇宙に貫徹する祈り

一 いかなる唱え言か

教主寛大が席を立たれるとき[79]「厳戒の辞」というものを示されました。これは、戒めの言葉というものに似ていますが、これには最高の尊敬とか感謝とか服従の意味も含まれ、また教主寛大を呼び求める意味も含まれているので、**計り知れない意味を込めた言葉**とも言って良いものです。

その祈りの言葉とは、**チ、シュ、キュ、ジョウ、ギョウ、コウ、フク、セン**という十五音の言葉です。この句は、日本語（カタカナ）に置き換えたもので、我々が教主寛大に向かって用いる発音とは異なりますが、その意味と作用は少しも異なるものではありません。

今私は、十五音と申しましたが、皆さんはこれを見て八字八音ではないかと思うことでしょう。しかし、発音する場合、チ、シュ、キュ、ジョウ、ギョウ、コウ、フク、センと連続的に発音せず、**チ。シュ。キュ。ジョ（ウ）。ギョ（ウ）。コウ。フク。セン。とそれぞれ明瞭な音を出すのです。**（編者注：ジョ（ウ）、ギョ（ウ）の（ウ）は口内に含みます。故に二字の発音のように発声するのです）

この言葉を説明しようとしても説きつくすことは困難です。**仏教の念仏や題目はもとより、一切の呪文はこの字句の中に含まれている**のです。また、懺悔や帰依の祈りも含まれ、修験者が行う九字の秘法なども含まれているとみることもできます。ただし、この字句のありがたさを知らずに**遊び言葉のように唱えては、効果はありません。**

教主寛大が、お出ましになり、あるいは席を立たれるときには、心を込めてこの字句を三回唱え、迎送の挨拶としなさい。このほか、朝夕に床に起き伏しする場合はもちろん、洗面の前後、食事の前後、人との応対の前後など、何事をなす場合も、その前後に必ず三回唱えることを忘れてはなりません。これは、呪文でもなく、願望成就のための願文でもないのです。

このチ、シュ、キュ、ジョウ、ギョウ、コウ、フク、センの十五音は、種子であって、これ

79　これは、比喩的な表現である。言うまでもなく、教主寛大は肉体を持たない神霊である。未知日記では、教主寛大が慈音師に講義の電波を送るのを終え、感応が終了した際に、教主が「立座」された、と表記される。本書ではそれを現代の表現に改めた。

が繁茂して枝葉を伸ばしていけば、真の言葉となって神霊に通じるようになります。仏教でいう題目とか称名念仏とかいうものも種子なのでしょう。しかし、その題目念仏は全宇宙に通じるものではありません。**厳戒の辞は、宇宙全土に通じて外れることがなく、すべてにわたって貫徹するものです。**したがって、言葉では言い表すのが難しいことであっても、心底より厳戒の辞を送るなら、たちまち枝葉が繁茂して、その意味を何ものかに通じさせることができるのです。

（テッシン貴尊の講話）

二　唱える際の注意点

八大門の名称チ、シュ、キュ、ジョウ、ギョウ、コウ、フク、センのわずか十五音で、全宇宙を尽くし、究めていることと承知しておいてください。これは、祈りの言葉と申しましたが、この言葉は、信力に適合し、法力にも合致し、その他森羅万象すべてに通じる神の言葉と思って、**軽率に取り扱わないようにしてください。**

ここで今一つ注意しておきたいことがあります。チ、シュ、キュ、ジョウ、ギョウ、コウ、フク、センの八文字は十五音の備えをしているにもかかわらず、チだけは一文字であることです。これに対して、世人は気づいていないでしょうが、このチの一文字こそ極めて大切な音であって、チとシュのあいだに言葉にならない言葉が宿っていることを知らなければなりません。今日まで、語ってこなかったのは、教主のお許しがなかったためでした。今やっと許されたので、語ることにします。

チの発音は、非常に大切なもので、この言葉の発音の仕方によって、信力、法力が現れるか、現れないかの分かれ目となるのです。もしチの一字の発音が空しければ、後の十四音も空しくなり、チの一字が完全に発音されると後の十四音も完全に発音されることになるのです。すなわち、チを発音した後、シュの発音の前に無音を入れ、次にシュの発音を発するのです。そして、**チとシュのあいだは呼吸してはなりません。**また、チの音を長くチーと発音すると、それは有形の発音となるので、十六音となります。ですから、**チを発音したならただちに呼吸を止めて、そうしてシュの発音に移ります。**[80] そうでなければ、通じません。これらには、すべて法力通力の備わりがあるのですが、少し詳しく語らなければ、理解することが難しいでしょう。これから具体的に説明しましょう。

80　ご参考までに、編者の唱え方をご紹介する。「チッ」と発声したのちに息を詰め、己が祈りを捧げ、「シュー」と長く息を吐き切ってしまう。その後、息を吸って「キュ」以降の発声に移る、というように編者は日々唱えている。

まずチという音は、相手方に対して、自分から語り始めようとする合図の言葉で、シュとのあいだの無音は、これから語ろうとする目的を心に定め、言葉に変換しようとする間のゆとりに相当します。そうして、後のシュの音でそれが言葉となって、相手に通じ、さらにキュ、ジョウと次第に詳しく話を進め、センに至ってすべて我が望みを語りつくす結果となると思えばよろしいのです。

チとシュのあいだの無音は、いわゆる祈念発願の音ですから、この無音が大切なことは推量できましょう。そうして、後の七つがその祈念発願の意味を完全に相手方に納得させるものですから、現し方次第で、先方は聞き届けてくれるか、くれないかのいずれかになります。したがって、我が目的を果たそうとするなら、心を込めて先方に諒解したと言わせるほどの力のある音を発しなければ、なりません。この理をよくよく認識し、厳戒の辞を神に捧げるにあたっては、うやむやな気持ちで祈りをするなら、通じないことが多いでしょう。

厳戒の辞というのは、心底より発する真実の言葉のことです。したがって、無音のあいだに我が目的を心の底から現しておいて、後の音はその力をさらに拡大し強力なものにして、ほかに心を移さないこと、そして真剣に願わなければ、成就の許しを得るのは難しいという気持ちを強く持つことです。そうすれば、すべて何事もかなえられ、**決して否とは言われません。**[81] わが願うことの良しあしにかかわらず、心の底からこうと決意した望みであれば、決して否とは言われません。

以上述べた方法を理解するのは、いささか難しいかもしれません。その場合は、指導者について直接に教わるのが早いと思います。ともかく、無音のときに呼吸を止めよと言ったのは、**呼吸を止める間に念をこらせよ**という意味ですから、それで大要は悟ることができるはずです。呼吸してしまうと、念が砕けてまとまらなくなるためです。

心してもったいない、有難いとの思いを充分心に貯えて教えを受けてください。軽率に聞き流し軽率に取り扱うことなかれ。もし軽率に取り扱えば転落する憂いがあります。これは恐怖心を抱かせるために用いた言葉ではありません。語る者は一心不乱です。聞く者も一心不乱でなくてはなりません。教える者も教えられる者も、共に心を一つにして、真剣な態度で、真剣な心で伝授にあずかるよう注意しておきます。

81　その善悪・良否にかかわらず、心底からの祈願であれば受け容れられるようだが、その結果は、すべて自分が受け取るのであるから、注意が必要である。

慈音は骨肉を削る行をしても、今日まで完全にこの拝み方を教わりませんでした。[82] 世の人は、何ら行をしないのにこの教えを受けるとはなんと幸福なことかと思えば、涙がこぼれるほど有難いと感じるはずです。そうでなければ、猫に小判の喩《たと》え通りとなりますね。

慈音が苦しんだのは、世の人の罪をおのが身に引き受け、世人を安らかにしたいとの思いからですので、世の人は慈音に対しても感謝の心を起こすようにしてください。

皆さん、慈音の行を空しくしてはなりませんよ。彼は、自分の利益を考えず、自分を犠牲にして、自分の持っている力を発揮して世に捧げようとしたのです。その心を汲み取って、思いやりの念を起こすなら、皆さんにもその思いやりの念が祈りの言葉に現れ、慈音を救い、同時に皆さんも救われ、一石二鳥の結果となるのです。

（セイキョウ貴尊の講話）

三　一度唱えれば、それだけ前進する

修行を積んで智慧を求めようとするのではなく、ただ信念を深くすることに意を用いていると、それによって神の力が宿り、その宿った力が現れて、智慧となってあなたを救ってくれるでしょう。よって、テッシン貴尊が仰せられたように、神を知らなくてもよい、あなたの心に神をつくってみてはどうかということです。

神をつくれというのは、あなたの心と魂を常に清浄にして、濁りのないものにしておけということです。要は、邪念悪念を排除しなければ、清らかな水は得られないということです。濁ったものを排除するには、信念という力が必要となります。信念を深くする方法とは何か。

それは、いうまでもなく、拝む心、祈る心、念じる心を持つことです。そのためには、**厳戒の辞を朝夕に油断なく用いて、汚れを拭い去る**以外にはありません。

皆さんは、神を頼りに何事か祈念する場合、長時間祈ればその間にさまざまな雑念が生じてきて、祈念する事柄を妨げることがありますね。我々も最初はそうでした。

例えば、五分間静座しても、その間に雑念が湧き出て、心をかき乱してしまうのではないですか。そういうわけで、貴尊は、八文字十五音の短い厳戒の辞を授けられたのです。八文字十五音を発声するにはわずか三十二秒にすぎないので、これほど短いと一心不乱になることは難しくはないのです。もし、三十二秒で雑念が起きるようなら、八秒に短縮してもよいのです。

皆さんは、静座と言えば、ただ静かに座って、腹部に力をこめておればよいものと考えていますが、これでは、体力を使い汗をかくだけで、精神面には変化をもたらしていないことに気

82　慈音師は、未知日記講義を受け始めて七年目の頃に、厳戒の辞を教わったようである。

が付いていません。これは誤った方法というべきです。

したがって、静座のような苦しい行をするよりは、**簡単な八文字十五音の祈りを信じて行えば、その広大無辺の徳が現れてあなたの心と魂はことごとく浄化され、邪念は消滅します。**それを深く強く信じる力をまず養ってください。この祈りの言葉は、日々の作業のかたわら簡単に唱えることができ、そうして大徳を得ることもできる一石二鳥の法なのです。私はそれを立証したので、皆さんに勧めるのです。信じることのできた人なら必ず実行に移すことでしょう。実行しようとしないのは、信がないためです。

祈りの言葉を一度唱えれば、それだけ歩みが前進するのです。（チ）と言えば（チ）だけ進み、（シュ）と言えば（シュ）だけ進み、（キュ）と言えば又それだけ進みます。わずか八文字の音に対してその一字の持つ力の大なることを、皆さんは少しも感じないかもしれませんが、その一句の前進の力の大なることは我々がよく知っています。

例えば、原子爆弾が投下されて、何十万という人命が失われたのをみて、皆さんは震え、おののいているではありませんか。**この祈りの言葉の一句一句は、原爆の比ではない働きをしているこ**とを我々は知っているので、このことを教えているのです。

皆さんは、祈りの短い言葉にどれほどの効果があるのかと疑っていますが、それが積もり積もれば大なる効果となりうることに気づかないのでしょう。先に語った滴水の行[83]のように、一滴一滴の水が積もり積もって大きい瓶を満たすことはお判りでしょう。よって、絶え間なく祈りの法を行い、拝みをしつつ、日々の業務を怠らなければ、やがては心魂一体の大海となることは言うまでもありません。

（ミキョウ貴尊、もと、円海大師の講話）

四　厳戒の辞は全宇宙に貫徹す

文字や文章にとらわれていては、理解することが困難となる。文字文章にこだわらず、読む人の心の相違に任せるのがよいのだ。例えば、この事柄は文字ではこう示されているが、これはこういう意味だろうと思って、脳裏にしみ込ませておけばよい。

我らの説に対して、言葉をとがめ、文字をとがめてはならぬ。文章のうまい下手を論じるのもならぬ。月を見るとき、月を見る人の心に任せるように、この書を見るのがよいのである。わが説には、一種の法力が込められている[84]からだ。

83　第四章第一節参照。
84　原文には、その法力がこめられている。

皆がこの理を知るなら、厳戒の辞、すなわちチ、シュ、キュ、ジョウ、ギョウ、コウ、フク、センに含まれている無言詞の法力はどんなに偉大かを知ることになるであろう。**もしこれを知らないなら、知るまで唱えよ。**さすれば、優れた法力は皆のものとなるであろう。

我らが語っている言葉に対して、慈音はかれこれ思いまどい、言葉の過ちを探ろうと苦しんでいるが、私はこれを許さなかった。慈音の口をふさいで、語らせたのである。口をふさいで語らせるとは、皆には理解しがたいことだろう。しかし、我らにあっては、至難の業ではない。なし難いこともなしうる力を有するからである。これは法である。

このように話すと、皆は話が横道に入ったように思うことであろう。しかし横道ではない。これは、無言の言葉（**無言詞**という）をもって無尽の法を授けようとしているのだ。知らないことを自然に知る力は、ほかでもない、この無言詞によって無尽の法を伝えるのでなければ、目的は達しがたいのである。

厳戒の辞は、無言詞で無尽の法を伝えるので、限度がない。永久不変の法力であるから、**果てしない全宇宙にみなぎって余すところがない**のだ。

厳戒の辞は、口に出さず、心に唱えよと教えたのも、空と虚を一体とさせるための方便である。心に唱え、魂に唱え、霊に通じさせることの一大事を教えようとしてこのように語ったのだ。されば、口に出して唱えてもよい。しかし、虚《から》言葉にしてはならぬ。**思い余って思わず口に出てしまう、というところまで至らねば、通じるものではない。**

文字にとらわれてはいけないというのは、この道理によるからである。厳戒の辞は、光にしようと思えば光となり、温度を保たせようと思えば保たせることができる。つまり、自由自在に思いを通じさせる簡単な方法と思って、常にこれを忘れず、怠らず行えよ。口先だけで唱えないこと。空と虚が一体となって初めて実を現すのである。

厳戒の辞は、**無言詞を引き出す動力**にすぎぬ。無言詞を求め、その無言詞からさらに言語化されたもの（有言詞という）となし、それによってすべての迷いを振り払おうとする方便の言葉にすぎないのだ。それ以外に意味はない。

このように語ると、皆は、厳戒の辞を唱える必要はないと思うことだろう。しかし、そうではない。厳戒の辞を完全に我がものとしなければ、その意味は言葉ではとうてい理解することができない。なぜなら、それは無言詞だからである。無言詞だからこそ、すべて通じる。このようなことを話しても、皆はとうてい納得がゆかぬであろう。今は、これを知らなくてもよろしい。やがては、心の底から悟ることができるようになる。今は疑わずに、そういうこともあるかと聞いておくがよい。

しかし、**厳戒の辞を唱えるのを怠ってはならぬ。**怠れば、何の価値もないのである。道理を知らずとも、ただそういうこともあるかと思って唱えておけばよい。道理を知っても、唱えなければなんら価値はないのだ。皆は、道理を聞いてから納得しようと思うから、正しい悟りを得ることができないのである。

語らずとも、すべてを知らしめることにかけては、厳戒の辞に勝るものはないといっても過言ではない。しかし、これを唱えても、心して唱えるのでなければ、無言詞とはならない。ただ文字を発音するだけでは、全く価値がない。しかし、**その言葉の意味のありがたきことを心に据えて唱えるなら、その思いが全宇宙に貫徹し、そうして希望がかなえられることはいうまでもない。**

（教主寛大の講話）

第十三章 神は汝の父なり、母なり

未知日記は十二巻構成の書ですが、その最終巻、『大霊界』には、教主寛大による最終講義が収められています。この書は一読しても内容を掴むのが難しく、また時には回りくどい表現が用いられています。しかし、それらは全て「あえて」のことであり、その一見読みにくい文章の中に教主は法力を持たせて、読者の心を明らかにすることを目的とされているようです。

したがって、原文そのものを掲載した方が、その法力をお伝えできるのですが、未知日記の手引きとしての本書の立ち位置を考え、最終巻の内容のごく一部を、これまでと同じく現代語にてご紹介することにいたしました。あくまでも編者のフィルターを通った教主寛大の講話である、ということをどうか心の片隅に置いて、お読みいただければ幸いです。

教主が、最終巻『大霊界』を、どのような意図で残されたのかについて、テッシン貴尊のご説明（聴講の心得）がありますので、次に掲載いたします。（以上編者）

一　聴講の心得

教主寛大は、以下の講話を最後としてすべてを語りつくすお考えですので、一言一句聞き逃さず、見逃さずに心を込めて聴講してください。そしてその言葉、その文章にかかわらず、これに批判を加えたり字句を修正したりしてはなりません。

はじめ教主寛大は、この巻の題名を無言詞界と名付けようとして、にわかに大霊界と改められましたが、それは決して誤った考えからではないのです。言葉のない世界を語るのに言葉を用いて語るのは、正しい方法ではないことは始めから諒解しておられたのですが、かといって、言葉を用いなければ衆人を導くことが困難となります。このようなわけで、大霊界と名付けて無言詞界、言葉のない世界を語られるわけですので、皆さんもその趣旨を理解して聴聞してください。

ここで注意することがあります。教主は皆さんに語るのに言葉を以てするのではありません。聴く人、見る人の各自の感じ方はそれぞれの智識の程度に従って異なりますが、帰するところは、皆さんすべてを**言葉でない言葉（無言詞）によって導き給う**ことを知っておいてください。言葉なき教えなので、ある感じを与えてそれによって導き給うわけです。

このような教えは、教主でなくてはできるものではありません。このような尊い恩恵を受けて天界に導かれる皆さんは、ただただ感謝の思いを蓄えて、一路教えに沿って歩んでください。

後世にこの書を読まれる方々にもお導きの力のあること[85]も付言しておきます。

（昭和二十六（一九五一）年一月五日、テッシン貴尊の序文）

二　虚《そら》ではなく、空《くう》の信仰

諸子は日々、種々様々の事柄にとらわれ、肉体の生活に追われているので、心の安楽を求めようとしてもうまく行かないことが多いはずである。かといって、生活のための仕事を捨て心だけの生活を求めたとて、肉体の安楽は望めないので、修養、修行は困難となる。よって、修養修行を完成させるには、肉体の安楽と心の充実のいずれにも偏ってはならぬ。そのために、これまで、まず「拝めよ」と教えてきたわけである。しかし、何か目標を定めないで拝むと、当てのない虚《そら》頼みとなり、役に立たないことが多い。[86]

85　この導きの力は、原文に含まれたものである。編者が原文を読んでいると、毎回新たな気づきを得て、清新な気持ちになる。ご縁のある方々には、原文をぜひ読んでいただきたいと思っております。

86　第七章第一、二節で、「無意識に拝む」「神を拝するのではない」というミキョウ貴尊の説明があったが、ここでの教主の教えはそれらと相反するように思われるかもしれない。ミキョウ貴尊は初心者に対して、ということを念頭に説かれたのに対し、教主は、未知日記の各巻を読んできた人に向けてこの教えをなさっている。最終巻ということもあり、境涯がそれだけ進んだ人向けの話なのだろうと編者は考えている。

我らは、当てもない虚頼《そら》みをせよというのではなく、**空《くう》を信ぜよ**と勧めているのである。もっとも、空を信じるにしても、中途半端に信じるとむなしい結果となる。信じる以上は、**徹底的に信じなければならぬ。**

例えば、病気にかかったとき、医者を招くのは、その医者によって病苦が治ると信じているからであろう。その医者が信頼できないようであれば、その医者の出す薬は効き目が弱いはずだ。肉体についてみても、信と不信ではこのような違いが生じるものである。

まして、心魂については、信不信の違いは明らかである。もちろん、信じるという言葉も疑うという言葉も「空」である。だから、諸子の信仰はまず人を信じるところから入ろうとする。名僧や知恵者の言葉を信じ、粗野な人の言葉は疑うのである。これは、実在者を頼りとして空なるものを信じようとするもので、理によって信じようとするものではない。したがって、ややもすると、誤った信仰に陥ることがある。斯様な理由で、信仰というものは、まず真理を求めてそれにより目標を定め、そしてより高い目標に進まなければ、真の信仰に到達することはできないのである。

肉体は「空」なるものの力によって生かされているとするならば、心も魂もまた「空」の力によって活かされているはずである。**その活かされている喜びを「空」なるものに対して感謝**

し、感謝の思いをさらに深くすることによって正しい信仰は得られるのである。

もし、諸子が私を信じるならば、私の名を呼べ。テッシンやセイキョウ、ミキョウ、円海を信じるなら、彼らの名を呼べ。誰を呼んでも、それは「空」である。諸子は、言葉を用いなければ理解できないから、便宜上この「空」という言葉を仮に与えたにすぎない。釈迦を信じるものは釈迦を呼べ。キリストを信じるものはキリストを呼ぶがよい。釈迦もキリストも、ただ符号にすぎない。題目を唱え念仏するのも、皆同じである。（以上教主寛大の講話）

三　子に信仰を持たせよ

肥料を十分に吸収した作物は、実りが増して豊作となる。**信仰というものは、肥料を吸収することと同じ**といってよいであろう。若いときは信仰心がなく、年老いて身体が不自由となり寂しさを感じて、信仰を求めてももう手遅れであり、完全な実りを得ることができないのは当然のことである。

ゆえに、小児の時代から信仰の道を教えておくことが大切なのは察しがつくはずだ。**親として、子供を育てる仕事の中で一番大切なのは、言うまでもなく、子供に信仰を持たせることと**なのである。

親に信仰がなければ、子供に信仰を持たせることは難しい。親が手本となって、子供を導かなければ、「空」というものに対する信仰を持たせることは無理であろう。

眼に見えず、耳にも聞こえない「空」なるものを子供に知らせるには、いわゆる暗示を与えるのでなければ、成功しがたいものである。ここにおいて、その空なるものが誤っておれば、暗示となって邪道に入るから、子供を誤った方向に導くことになるのは、言うまでもない。したがって、空なるものの信仰は正しいものを選ばねばならないのである。

母の心が善ならば子の心も善であろう。されど母は行いのみ表面を善にし、心に悪を貯えれば、成長する子は、その悪の方を暗示に受けて悪人となる。ゆえに**表裏の心で子を育てることなかれ**。世の中には善人の子に、悪人が生まれるというような例は多くある。これらを仔細に研究すれば、その親の心が悪であったことに起因するというのは、往々にして見受けられる現象である。我らはこれをよく知るが、世の人は知らないのである。

四　指導者を選ぶということ

指導者を選び、その指導者が体験した事実を教えられて、初めて迷うことなく、確定したる信仰を持つことが容易となろう。**指導者を選ぶには、智慧を働かせる必要がある。**選んだ指導者が、自分に正しいことを教えてくれるのか、それとも正しくないことを伝えているのかを鑑別するには、智慧がいるからだ。

慈音が指導者すべてを「観音」として選んだのはこのためであった。慈音は、幼い頃母から「お前は観音の力によって救われたのだよ。だから、生涯観音を信仰しなさい」といわれ、[87]この母の言葉を深く信じ、それによって今日の結果を得たのである。もし彼が、さまざまな指導者に対して、この方が優れている、あれは劣っているなどと区別をつけて従っていたならば、教えられる道は範囲が広くなり、迷いも多かったことであろう。

慈音は、すべてを観音という指導者に結び付け、それによって教えられた導きの中から、優れたものだけを取り込み、ほかのものはみな排除した。そしてこれらを肥料となして、信仰の度を高めたから、目的は達せられつつあるのだ。慈音は、ミキョウ、セイキョウ、テッシンはもとより私（教主寛大）も観音として念じている。

慈音が世の中の事柄はみな観音であるという信仰を得たのは、幼児のときから母より授けられた教えを固く守ってきたためであり、今後もほかの道を選ぶことはないであろう。空なるものの信仰とは、このようなもので、**道は一つであって、ほかのものはすべて道の標識として並**

87　慈音師の母君のエピソードについては、慈音評伝をご参照ください。

べたものにすぎないのである。

五　急がば回れ

諸子は、霊魂を引き出そうとして精神を統一しようとしているのを我らは知っている。この精神統一の方法として、静座、座禅などを行うことは悪いことではないが、かえって精神の苦痛を招き、ややもすれば幻影や錯覚に陥り、それに傾きやすくなるから、慎まなければならない。

斯様な危険な方法を使わなくとも、**ミキョウが教えた自問自答の法**[88]**が極めて簡単で副作用を起こす心配もなく、この方法で霊魂を引き出すことができる。**ただし、この方法は安全であるがゆえに、多少の時間が必要となる。修養修行というものは、生涯を通じて絶え間なく行っておれば、望みを遂げることができるのであるから、自問自答の法も気長く行うことだ。諸子の世界の言葉にも、急がば回れ、という言葉があることから分かるだろう。厳戒の辞を絶え間なく唱えるのも理は一つである。

また、珍しいことを聞けばそれに傾き、あれこれとさまざまな教えを受けて、気まぐれに実行している人がいるが、それは大切な修行の妨げとなるのでよくよく注意せよ。**霊魂は、諸子**

の肉体と天界を分秒もとどまることなく往復しているから、諸子は、霊魂にすべてを任せておれば、それで望みを達することができるのである。

六　霊魂の教えに任せよ

日々の生活を営むにあたっても、すべてを霊魂の教えに任せておけば、過ちは少ない。**霊魂は、天界の姿を知っており、言葉に表せない真理（無言詞）を聞く力を持っている。その真理を言葉（有言詞）に変えて諸子の心に伝えて導いていることに留意せよ。**諸子の言葉に、「どこから来るかは知らないが、智慧は思わぬところから生ず」というものがあるが、思わぬ智慧というのは無言詞から生じた有言詞を指すのであろう。

霊と魂は、一体となって天界に通じている。ちょうど、瓜の蔓《つる》のようなものである。天界にある根を伸ばして下界に降りてくる蔓が、諸子の心身に通じているわけであるから、この理をよく考えて、すべてを根（霊）に任せ、根から来る養分（魂）を心に吸収させると、それで天界の模様は心に映ってくるのだ。

88　自問自答の法の詳細については、第二章第一節をご参照ください。

この理を知った慈音は、それを根底に修養修行を重ねて今日に至ったのである。慈音は難しき行法を営んでいたのではない。若かりし頃は、座禅をなし、あるいは静座もなして、精神統一を計った。あるいは他力念仏を、あるいは自力題目を、と行じていたものであったが、これらによって行をなしていても己の心に、何かは知らず不安を感じて、彼は他に何か正しき方法があるのだろうと、五十年迷いに迷ったのである。

そしてミキョウの教えを受けるに及んで、飄然覚醒、これ（霊魂）に任せていたならば必ずや目的は達せられるとの確信を得て、今日の位地《いち》、すなわち再童慈音[89]の座に入ることを得たのだ。

病弱なる彼[90]であるがゆえに、修行には何か安全なる方法を探り求めて、これを広く病弱者に教えたならば、多くの人は救われるだろうとの思いが、かえって彼を今日の位地に救い上げたのである。情けは人の為ならず、回りまわって己が身を救われた慈音の喜びはいかほどであろうか。（彼の心中は）察するにあまりありと我らは悦ぶ。世の病弱者よ！　この方法をよくよく知りえて、それによって確信を得よ。そうすれば慈音のごとく救われるであろう。

霊界は遠からず。諸子は、霊界の人であり、さらに大霊界[91]に再生すると、仏となる。ただし、我らの語る仏と、仏教者が語る仏とには大変な相違がある。我らは、仏教者の教える無常観を語るものではない。ただ、仏という文字を便宜上借りて示しているにすぎないことを諒解せよ。**大霊界を知るには、まず諸子の霊を求めよ。**各人の中に霊（ミオヤ）が存在することはこれまでしばしば語ってきたところである。魂を通じて霊を求めると、それがすなわち言葉のない世界（無言詞界）である。

そうして、霊の世界から大霊の世界に進むと、再生門[92]に入ることができる。この理から推知してみよ。肉体を有する間に再生門に入ることの理は、明らかに認知することができるだろう。

この書を読む者は、このつたない文章にとらわれるなかれ。つたない文章の中に含まれている何ものかを引き出して、それを自分のものとすればよい。

89　慈音師は、昭和二十四（一九四九）年の十月に、「再童慈音」との名を教主から授かった。このことの詳細については、慈音評伝をご覧ください。

90　余談であるが、慈音師は、若年の頃から病弱だったのではない。晩年近く、霊的修行の進展とともに肉体が衰弱し、いわゆる動脈硬化症で、肉体の動作もままならず、外出もできない状態であったという。未知日記は、かかる状態の下で執筆されたのである。

91　種々の世界で天界の学問を修めたのち、八つの門（八大門）のそれぞれにおいても学びを深めれば、大霊界に入ることを許されるとのこと。ただしそれで終わりではなく、天人としての道は無限に続いていくという。

92　再生門とは、八大門の一つ目である「チッ、の門」のことである。大霊界の入口にあたり、ここに入る魂は、大霊界に生まれ出たとも見られるので、再生門と呼ばれている。

諸子は、智慧を働かせて、その智慧のまなこによってこの書を読むように。この書のつたない文章の中には、思いもよらない無言詞が潜んでいるから[93]、通読している間にも諸子の霊と魂に通じるものがある。後になってそのことを感謝する日も遠くないことであろう。**疑わず、侮らず、この書を熟読玩味せよ。**

七　神は汝の父なり、母なり

今我らが住んでいるところはこの上なく安全な場所で、どこにいても危ないということを知らずに生活している。ゆえに楽しく、不滅の場所である。このように語っても、諸子には理解しづらいことであろうが、やがては諸子もここに移される。だが、四大後門[94]を通過した後でなければ、神と共に住むことは許されないと心得よ。そのあとになれば、神の子として生活することが許されるかもしれぬ。

我々も、神と共に生活することは許されていない[95]が、やがては神の子として共に生活する時期が来ることを楽しみとして任務に励んでいる。諸子は神を恐ろしいものと考えているようだが、それは間違いである。**我々は、神を知り、また神の声を聴くが、神ほど温和でやさしく慈悲のこもったものはないのである。**一度その手に触れたならば、忘れがたい愛情が身に染みて、言葉に言い表せないほどのありがたみを覚える。恐ろしいと思う気持ちは露ほども起こらぬ。

神を恐れている間は、まだ神を知らないと思って一心に修養修行せよ。

神は汝の父である。母である。父母は汝を愛撫し、決して捨てることはないであろう。宗教者の多くは、神を知らず、ただ神の威厳を語っているにすぎないから、神を恐れているのだ。神の威厳は広大無辺である。しかし神は恐ろしいものではない。さすれば、神の威厳を恐れないような修養修行を積んでいけば、神は諸子を抱き給うことは疑いないのである。

コウの門[96]に移されたものは、神の前に出ることを悦びとし、神より離れようと思うものは一人もいないが、それは修養修行を十分積んだからである。一度、神に抱かれたなら、その味は

93　原文には、無言詞の力が含まれている、と。

94　八大門の後半四つを指す。ちなみに八大門にはそれぞれ厳戒の辞の一句ずつ、すなわち、チッ、シュ、キュ、ジョ（ウ）、ギョ（ウ）、コウ、フク、セン、の各々が名前として付されている。四大後門は、ギョ（ウ）、コウ、フク、セン、の四つの門ということになる。

95　もちろん、ここでの神というのはすべての統轄者のことをいうので、どんな生命、物質も、神と共にあるといえよう。しかし、教主がここで「許されていない」というのは、じかに絶対者たる神のそばでお仕えすることは許されていない、ということではなかろうか。八大門のみならず、大霊界を修了した後の話であろうから、もはや思い描くことすら困難である。

96　大霊界の八大門のうち、六つ目の門である。

終生忘れることができない。諸子は、もしコウの世界の仏たちの前に来たなら、その威厳に打たれて頭を上げることもできないはずだ。ちょうど、猛犬が主人の前に頭を下げているのに等しい。

泰岳が諸子の世界（地球界）にいた時、猛獣毒蛇すら頭を垂れて彼に近寄った。そして彼らは泰岳の手に触られるのを喜んでいたのである。諸子がたとえ悪人であっても、神は決してお捨てにならないであろう。この理は諸子も察することを得たのではないか。

諸子の日々の生活を見ると、前途を暗い思いで暮らしているから、苦しみがますます加わっている。前途を明らかにして生活すれば、楽しみの連続となり、神の前に至ることは決して困難なものではなくなる。**すべて心の持ち方を楽しみに変えよ。心を明らかにして希望を捨つることなかれ。**

八　前途は楽しいものである

ある人が仙人のもとを訪れて、「どうすれば仙人になれるか」と聞いたところ、「いつまでも年を取らないことだ。年を取らなければ、仙人になれること疑いない」と答えたそうである。実に味わうべき言葉である。**千年万年の年齢を重ねても、自分はまだ童子であると思っておれば、年齢はものの数ではない。希望を捨ててはならぬ。**

病人が今は苦しいけれども、やがて平癒する楽しみがあると思っておれば、病苦もそれほど苦痛にはならないはずである。また、自分は今、貧しい。しかし、やがては長者となるだろうと希望をもって暮らしておれば、楽しみから楽しみへの連続となる。年齢を考え、自分は年を取った、この年ではとうてい望みはかなえられまいと思っていると、希望はなくなり、苦しみは深刻となり、恨み、妬《ねた》みの心が絶えず、果ては死に行くほかなくなるのである。

仙人が教えたように、まったく年齢を考えなければ、仙人になるのも困難なことではない。たとえ百歳であっても、自分はまだ三歳の童子であると思って生を長くせよ。そして前進の希望を捨ててはならぬ。それが、修養修行の方法の一つと思えばよい。希望を捨ててしまえば、生命があってもその人は死者なのである。

九　慈悲ある父母の命令

諸子は、いたずらに神を語るともったいないと言って、神を遠ざけている。神は目に見ることができないので、ただ想像力を用いていろいろと思い迷っている。このような信仰では、神に通じることができないのは当然である。**わが父母は、神である、早く父母のもとへ帰りたいという思いを深くせよ。**

私は、「かくせよ」という言葉を用いたが、**これは命令の言葉ではない。**事実を語る確定の言葉と受け止めよ。確かなことを語っているから、命令語のように聞こえる言葉を用いているのだ。**我も人、諸子も人である。**神ではないから、我らは命令語を用いない。

神は、最も威厳のある存在であるから、命令をし給うが、それは慈悲の命令であって、実行しようと、しなくても決して罰を加えはしない。ちょうど、父母が我が子に命令して、子が実行しなくても罰することがないようなものである。もし、罰を与えたとしても、それは慈悲の処罰であるから、子はこれを恨み妬むものではない。

諸子は、宗教を信じ、釈迦やキリストを尊んでいるが、それは彼らの威厳を教えられたものにすぎない。釈迦もキリストも、決して最高の威厳のある存在（神）ではない。我らは彼らのことをよく知っている。しかし、彼らの事実を諸子に知らせると、釈迦やキリストの遺した宗教を傷つけることになるから、公に語らないだけである。

もし慈音が宗教者となって死んだならば、釈迦やキリストのごとく威厳を彼に与えて残しておけば、慈音も彼らのごとく尊ばれるかもしれぬ。しかし**慈音は宗教者ではない。**また我らは彼をして宗教者たらしめんとしてこの書を諸子に示したのではないのだ。この点、よくよく承知せられたい。（了）

伊東慈音の生涯

佐々木弘明

●はじめに

伊東慈音とはいかなる人物なのか。彼の名を知る人物は極めて少なく、書籍はおろか、インターネットにもほとんど情報がない。慈音は昭和二十八（一九五三）年十二月十八日に肉体を去ったので、昇天後七十年余りが経過した。一市井人として生涯を全うした彼の生前を知る者は現在の地上世界にほぼ皆無と見てよいだろう。そのような状況で、彼のことを世に紹介しようなどとは無謀にも思えるが、幸いなことに慈音の側近であった衛藤欣という女性が、半世紀ほど前に彼の評伝を残してくれている。それゆえ本稿では、彼女の文章を参照しつつ、慈音の在世時の様子や、彼を指導した存在に焦点を当てて書き進めたい。慈音の人物像や、未知日記のもつ意義の一端でも示せたならば幸いである。

●慈音の誕生から少年期にかけて

伊東慈音は、奈良県吉野郡川上村で生まれた。時は明治十一（一八七八）年五月、男の子は「幸吉」と名付けられた。「慈音」は実名ではなく、修行中に教主寛大（後述）より授けられたものである。本節では事実を優先して、「幸吉」の呼称を用いることにする。

さて、幸吉少年を育んだ川上村とは、どのような土地なのであろうか。奈良県南東部に位置するこの村は、面積およそ２６９平方キロメートル、そのうち、山林が約九五％を占める自然豊かな村である。また、奈良県から和歌山県に流れる紀の川（吉野川）の源流地帯であり、室町時代から五百年以上も続く吉野林業の中心地となっている。

川上村には南朝最後の皇子、自天王終焉の地の言い伝え、さらに時代をさかのぼって、神武天皇にまつわる伝承も存在する。その伝承というのは、『古事記』や『日本書紀』の記述に由来するものだ。概略を述べると、神武天皇が八咫烏（やたがらす）の先導によって吉野を進んでいると、尾の生えた人が井戸から出てきた。その井戸は光っており、神武が尋ねると国津神を称し、「イヒカ（井氷鹿）」と名乗ったという。川上村北部には、井光（いかり）という山岳集落があるのだが、このイヒカが地名の由来とされ、また現地に居住する伊藤（伊東）家の人々は、イヒカの後裔であると伝えられているらしい。この言い伝えに従えば、伊東家に生まれた幸吉もイヒカを祖先にもつということになる。

この井光集落には、幸吉の母の生家である大西家があるのだが、幸吉が実際に育ったのは隣の武木（たきぎ）という集落であった。武木集落は山の上の台地にあり、幸吉幼少の明治前期の頃は、狼も人を恐れず、幸吉の恰好の遊び相手であったという。衛藤氏が川上村を訪問した昭和三十五（一九六〇）年時点では、幸吉の学んだ小学校がまだ残っていたらしく、彼女はその周囲の様子を以下のように記している。

小学校の前の道路を山の方角に緩い傾斜を上がって行くと、間もなく自然石を並べて土止めをした段々があり、それを登り詰めた処に山の一部を切り開いた平地に鎮守の宮と並んで一段高い処に寺があった。是ぞ少年幸吉の信仰の手ほどきをした鷲山和尚の住した寺である。幸吉少年が孤独に耐え、智慧をもとめて朝に夕に昇り下りした土と石の段々。山の家に一人取り残され、特に母の不在中悲愁の思いを抱いて彼が踏んだであろう段々……

右の記述のなかで、「母の不在中悲愁の思い」という部分があるが、これは幸吉が誕生後間もなく里子に出されたことに起因すると思われる。生母も幸吉の面倒を見たらしいが、やはり顔を合わせる機会は他の子どもより少なく、寂しい思いをしていたのであろう。また、他の家族との親しみも薄かったようで、これは里子というだけではなく、幸吉の幼い頃、易者が「この小児（幸吉）こそ伊東家の跡取りである」という不用意な発言をしたため、兄たちを筆頭に一家の嫌悪の的となったのも原因であろう。幸吉は年少にして、血縁者からの憎悪と、里子としての孤独という苦渋にひたされていたのである。また具体的な時期は不明ながら、彼は酒乱の凶刃により一眼を失うという事件も経験している。

ここで、幸吉が一家からなぜ煙たがられる存在になったかについて考えてみると、長男重視の「イエ」制度が強く、長男でない者は冷飯扱いにするという時代背景もあったが、当時の伊東家が裕福であったことも関係すると思われるのだ。幸吉の父、四郎は商才に富んだ人物であり、また衆議院議員として活躍した人物でもある。衆議院事務局発行の『総選挙衆議院議員略歴』によると、彼は川上村において材木業を営んだだけでなく、川上村戸長（村長）を一定期間務めたのち、大阪や神戸での茶の輸出業、マッチの製造・輸出など、幅広く事業に手を出したようである。

彼が衆議院議員になったのは明治三十四（一九〇一）年のことで、奈良三区の補欠選挙に立候補して当選したと記録されている。のちに息子の慈音（幸吉）は、この父親について、生活や交遊関係はかなり派手であったと回想している。

そのような裕福な家庭において、父の財を誰が引き継ぐのか、ということは親族の関心事であっただろう。先述のような易者の思慮の足りぬ発言を受け、幸吉が嫉妬の対象になったのは、想像に難くない話である。

さて、幸吉は感受性が並外れて鋭かったため、自らの置かれた苦境において、日々つのる内心の不満はそのはけ口として、手に負えない悪戯へと向かった。これについて本人は、「俺は並外れて暴れん坊で悪戯は激しくお仕置きばかり受けていた」と述懐している。ある時などは、例のごとく蔵の中に閉じこめられた際、二階に上り簞笥《たんす》の中の衣服の間に砂糖を振りまいて、衣服の砂糖漬けを作ったという。その他いろいろと悪戯が続き、種々の損害を作ったゆえに、お仕置きが追加されて二重、三重にもなったというが、彼にはてんで効き目がなかったということだ。

もっとも、幸吉はただの暴れん坊であったわけではない。先に述べたような孤独の思いを抱くなか、小学生にして生まれ故郷の菩提寺の住職、鷲山和尚から、碧巌録《へきがんろく》の講義を聴き禅に親しんでいたのだ。自らの智慧を深めようとする姿勢が、少年時代から色濃く見られたのである。この姿勢こそ、彼の後年の人生を方向づけたのではないか、と筆者には思われる。

●音楽修業を経て独立、そして上京

かつての凶刃事件により一眼を失っていた幸吉はその後、残る一眼にも自信を失いつつあった。そして高等小学校卒業後、ついに意を決して高等学校への進学を思い止まり、東洋音楽を一生の職業として選ぶに至ったのである。彼が大阪にて師事した師、中木検校《けんぎょう》は当時箏曲の第一人者で、東洋音楽に精通し、人物も優れた名人であった。幸吉の素質をよく見きわめた師は、その蘊蓄《うんちく》を傾け惜しみなく、己の持てる一切をこの弟子に伝えて指導したのであった。

幸吉はわずか四年余りの短い年月の間に東洋音楽の奥義を授けられ、他の弟子達の誰一人及ばなかった音楽療法の原理を我がものとなした事実が、恩師の弟子に対する愛情を証明している。筆者は東洋音楽に関して門外漢ゆえ詳述できないから、ここで衛藤氏の言を借りたい。彼女曰く、「東洋音楽は先天の易学、三対四律の法則に依って組織された大気音波観測法である。単なる楽器の演奏の如き、遊芸としてのみ扱うのは全く初歩的技法にすぎぬ」ということだ。単なる演奏ではなく、はるかに深遠な音楽の妙味というのがあるのだろう。

東洋音楽の奥義を修めた幸吉は、二十歳になるやならぬの頃に、伊東中光大検校として師より独立を許された。この頃には、彼はすでに見性《けんしょう》を経験していたらしい。幸吉、もとい中光大検校は独立後、琴や声明《しょうみょう》音楽の師匠として活動していたようだが、三十代の半ばを過ぎた頃、奈良から上京した。これは彼の芸術を高く評価した村井弦斎や大隈重信等の勧めによったものである。明治の末期から大正時代にかけて東京における彼の演奏活動はまことに活発なものであったらしい。

資料を探してみると、昭和九（一九三四）年版の『時事年鑑』における「邦樂、舞踏家」の欄には宮城道雄氏、中島雅楽之都（うたしと）氏らの名前のほど近くに、「伊東中光」の名が記されている。そこには「生田流、聲明樂普及會主宰」とあり、彼が東京生田流の師匠、そして声明音楽の大家であったことがわかる。

衛藤氏によれば、時の名人会にて声明音楽の秘曲を披露したり、大隈家や岩崎家が外国人を招待した時には、演奏家として秘曲を演奏したりしたということだ。中には、彼の演奏を聴いて、東洋音楽の本質に触れ得たと狂喜する外国人もいたという。衛藤氏が伊東家を来訪した際には、その証となる手紙が保存されていたらしいが、中光大検校の演奏は、単なる技術的なものを超越した境地にあったことが、確かに窺える。

このように、音楽活動に多忙であった中光大検校だが、大正七（一九一八）年の父の逝去後、一度奈良へ戻り、父の「四郎」を襲名し、五條市にて三年間、材木業を営んでいる。本人が当時を回顧して言うには、「わしは原価計算により問屋口銭を二割と決めて合理的、紳士的信用取引をもくろんだ。しかし、わしが盲目の不具者であることがわざわいして、相手が頭から莫迦にしてかかるので問題にならなんだ」ということだった。障がい者への差別が激しかった時代にあって、金銭に極めて淡白であった彼が商業に従事することは、さぞ困難だったろう、と筆者は思うのである。

●音楽から離れ、修行の道へ

中光大検校は、上京した時点で全盲となっていたのであるが、衛藤氏によるとこれは「本来短命の生をうけて居た彼をして、使命達成に必要な年月を延ばすために、残る一眼の明を取り上げられ」たものらしい。取り上げられたといっても今回は傷害によるものではなく、霊的な意味であろう。つまり彼の使命は音楽以外のところ、すなわち魂の完成にあったのだ。昭和時代に入ったあたりから、彼は次第に音楽活動から遠ざかり、霊的修行の道を歩むことになった。

彼はかつて大阪で音楽を学んでいた頃に見性を経験しているが、それは刹那的体験であり、それを二十四時間、三百六十五日の体験にしたいと苦労した、と後年、衛藤氏に語ったらしい。しかし、ここで問題となるのは、誰が中光大検校の霊的修行を指導したのか、という点である。

かつて師事した中木検校のような、肉身をもった師匠にはその後邂逅《かいこう》しなかった中光大検校は、中年後期に差し掛かる頃から、天界にいる人類の先達らから指導を受けるようになったのである。

そして、その先達らと中光大検校との縁を結んだのは、他でもない彼の母であったのだ。彼女は息子の大阪滞在時代に急死し、自らの念で空中楼閣を作り出して迷っていたところをミキョウ貴尊という天人に救われた。彼女はその際、「息子が、盲人の身で空間にて迷うことになるのは不憫ですから、どうかお救いください」と貴尊に懇願したのだが、無事その願いは受け入れられ、下界の中光大検校にミキョウ貴尊の救い（指導）の手が差し伸べられることになった。その後、貴尊たちの指導者たる教主寛大により、中光大検校に「慈音」の名が授けられ、修行を支えられたということである。母の愛は死後も子を守るという結果をみたのだ。

かの母は、どこにも見られるごく普通の婦人であったようだが、その信仰心の深さは特筆すべきものがある。それを示す話として、慈音（幸吉）誕生時の逸話を紹介することは無駄ではないだろう。

慈音は生まれたとき、両眼を閉じたままだった。母はこれを己の責任として嘆き悲しんだ。一定の日数を経て、母は赤子を同伴して大阪の名医をめざし吉野山を下ろうとしたその門出にあたり、赤子は両眼を見開いたのであった。かの母はこれを信仰の賜物として、そのまま赤子を連れて長谷の観音まで参詣に向かったという。そして後年、まだ幼い慈音に「お前には観音の力がそなわって救われたのだよ。お前は生涯観音を信じて生きるのだよ」と言い聞かせたらしい。慈音、もとい幸吉少年は母の言葉を深く信じ、数十年後に霊的修行に入った際にも根底には観音信仰を据えていたという。ここに、幼い頃に信仰心を持たせることの重要性が示されている。

さて、慈音はミキョウ貴尊の指導を受け、心、魂、霊の三気を一体化して霊化をめざす修行を開始したのだが、これは文字通りの難行苦行であった。衛藤氏によれば、「骨身を削るというが、そんな言葉では表せるような生やさしいものではなかった」らしい。しかし、具体的にいかなる修行を行ったのかについてはほとんど記述がない。修行の初心者たちに聞かせても、一時の好奇心を満たすだけだと判断されたのかもしれない。

ミキョウ貴尊の指導が始まって以来二十年近く、様々な紆余曲折を経て、慈音は遂に目的を達した。それ以後は、霊耳によって他の貴尊方や教主の語る論説を聴取し、自らは行じてその教えを実証しつつ、それと並行して後輩者のために貴尊方の教えを書き留めた。これが未知日記全十二巻である。その執筆開始は昭和十九（一九四四）年頃であったと見られる。

慈音は、自らの修行の程度に関して固く口をとざした。教主から、何事を語ることも許されなかったのである。なぜなら彼の到達した霊化の事実、そして天眼通・地眼通なる言葉によって表現される自由自在の実力は、その片鱗を示すだけで大衆を惹きつけるに違いなかったからだ。果ては彼らに祭り上げられ、一宗一派を余儀なく形成することになるのは見えすいていたからである。本稿冒頭で、慈音のことを「一市井人として生涯を全うした」と説明したが、その理由はここにあるのだ。

しかし、昭和二十四（一九四九）年には、慈音はこだま会と呼ばれた小規模の勉強会で、自らの見聞した内容の一部を語ることを、教主に許諾されたようである。その際に、慈音は「再童慈音」の座に進んだと、未知日記第十巻には記録されている。

●慈音を指導した存在

前節にて、ミキョウ貴尊や教主寛大の名を挙げたが、読者の方におかれては耳慣れぬ名前で、奇異なる印象を受けられたのではないか。そこで、ここからは慈音を指導した天人たちを順にご紹介していくことにする。

説明に先だち、補足情報を述べておく。以下「ミキョウ」「セイキョウ」等の天人の名がいくつか登場するが、それらは地球界における姓名のような固有名詞ではなく、天界における職名なのである。したがって、ミキョウであればミキョウの職務を果たせば別の位に移され、それと同時に呼び名も変わる、ということになる。

1．ミキョウ貴尊

①ミキョウの職位にある天人

ミキョウ貴尊の正式名称は、「ヂショウ・サンキョウ・インショウ・ミキョウ」という。多くの魂を預かって、あるいは下界に、あるいは天界に運ぶ等の役目を担当されているのだが、まだ各流界[1]を監督する段階にはないという。

慈音の母の願いを容れて、救いの手を慈音に差し伸べたのはこの貴尊であるが、その当時この職位についていた天人は、未知日記が執筆されつつあった昭和二十一（一九四六）年五月三日に、「セイキョウ」の位に進まれ、その際に別の天人がミキョウの位に置かれた。

この職位の異動については、未知日記第六巻において報告されている。本節では混乱を防ぐため、慈音を最初に指導した天人（のちのセイキョウ貴尊）については、次項において説明することにする。

では本項にてご紹介するのは誰なのか、ということになるのだが、それは「円海大師」という、地球界における真正の行者である。この方は行者の最終行、昇天の行を達成されたのち、先に述べた職位異動において、インショウ、ミキョウの職位に引き上げられた方なのである。以下、この円海大師に焦点を当てて述べたい。

そもそも慈音と円海大師の縁はどこでつながったのか。詳細は不明だが、大正の終わり、あるいは昭和の初めの頃、慈音は当時鈴鹿山中で行じていた円海大師より伝言を受け、親友の村井弦斎とともに東京から鈴鹿の行場まで急行する、ということがあった。しかし両人が到着した時には、大師はすでに行場を移されていたため会うことは叶わなかったという。

慈音と大師が面会を果たしたのは、それから十年と経たぬ昭和八（一九三三）年のこと。慈音の故郷である奈良県吉野山中での邂逅であった。その時、慈音は大師から日本の敗戦による解体、その後に来る国際的対立、世界的混乱について聞かされたという。

また、この面会の際、慈音には付添いの者がいたのだが、それは伊東家山番の今井という人物であった。この山番は狩猟好きで、殺生を何とも思っていなかったので、円海大師より一日

1　未知日記では、宇宙に存在する肉体人間の世界を、智慧の程度に応じて第一流界から第十四流界まで分類している。それぞれの流界を無数の世界が構成しているのであるが、これは固定されたものではなく、各々の世界が進化の道を歩んでいる。今の地球界は第十流界であり、決して智慧の優れた世界ではないことが分かる。

も早く殺生を中止するよう説き諭され、また癌による死を示唆されたという。このとき、山番の眼には円海大師は五十歳と六十歳の間、頑健なお方に見えたそうである。しかし当時、大師は肉体年齢百七十歳前後であられた。自然の法に従った修行の結果、旺盛なる体力・気力を備えておられたのであろう。

実はこの山番の話には続きがある。衛藤氏が今井氏の息子に聞いた話によると、彼は何を感じたか一時猟を止めてはいたが、死に際になって再開したらしい。そして昭和十二（一九三七）年には癌で亡くなったのである。その後、彼の息子の後妻が生んだ三人の男子は皆幼少で病死したのであるが、ある時どこからともなく現れた行者は、それを殺生の報いとして身を慎むようにと彼（山番の息子）に説き諭した、という話も記録されている。以上で慈音と円海大師の交流について書くのは終えて、円海大師ご自身のことについて話を進めたい。

②円海大師の遍歴

衛藤氏によると大師は江戸元禄年間末期に、土佐の武家にて生まれたとされる。しかし昭和二十一（一九四六）年、天界に引き上げられたときの肉体年齢がおよそ百八十歳であったことから考えると、宝暦、あるいは明和期（一七六〇年代）の生まれなのではないか、と筆者は考えている。

大師は年少にして父君を他人の刃で討たれた。ゆえに当時の武士の風習に従って仇討ちの旅に出なければならなかったのである。じきに当初用意した路銀も使い果たし、野に伏し、山に臥す困苦に耐えて諸国をめぐるうちに、十年以上の歳月が経過したのだが、依然として仇の在所は知られなかった。

そんな放浪生活を送っていたある日、季節はちょうど四月の春、釈迦降誕の法要が営まれていた。田舎寺の群衆の中を大師が歩いていたところ、托鉢の一人の旅僧が貴尊に近づき、しげしげと顔を見つめて声を掛けてきたという。

「お武家！　貴下は仇を探しておられる」

「いや、違います」と大師。

「隠すには及ばない。貴下の人相に表れて居るから申すのじゃ。しかし仇を討ち取ったとてそれで死者の妄執が晴れるというものではない。武士の則と言ってみても所詮は人間の妄執じゃ」と。

その旅僧は、肉体は切れても精神は切れぬ、互いに殺し殺されてなんになる、結局は妄執を重ぬるにすぎぬではないか、と物静かに大自然の道理を説いたのであった。十年余の歳月を経て父の仇を討ってそれだけで良いものか。それで万事一切が真に片づくものか。いかがなものか……と内心密かに疑念をもち、思い悩み、迷っておられた時であったので、大師は旅僧の一言一句が心に滲み、身に沁みた。

結局意を決して仏門に入られた大師は、得るものなく空しい幾年を過ごされた末に山岳教（修験道）に転じられたが、そこでも心は満たされなかった。かくして、最後に選ばれたのが行者道[2]であった。そこでは師から休みなく厳しい指導が加えられる日々を過ごし、さらに、泰岳大師という門兄からも霊的に大きな影響を受け、修行が深まっていったという。この泰岳大師もまた、慈音の修行を助けた一人である。

2. セイキョウ貴尊

この貴尊の正式名称は「コーケン・ムイ・リョウジャ・セイキョウ」である。先にも触れたが、慈音の母の懇願を聞き入れ、盲目の慈音を導いたのは、この貴尊がまだインショウ・ミキョウ貴尊の座におられた頃のことである。衛藤氏によれば、昭和三十八（一九六三）年の時点で、貴尊は四流界の監督の任にあたられ、その任務も終わりに近づいておられる由であったという。ゆえに令和時代の今は、それとは別の職務をなさっている、あるいはすでに新たな職位に進まれているかもしれない。

セイキョウ貴尊は、かつて日本人として地上に生存された過去をもつ。貴尊はその頃を振り返って、「我、日本に在りし頃、神を冒瀆する輩はあらざりしを思えばうたた今昔の感に堪えざるなり」と仰せられている。衛藤氏の推察によれば、貴尊は日本古代、それも相当古い時代に生存されていたという見立てである。つまり支那文学や儒教、仏教等の外来思想が日本に渡来していない頃であるから、弥生時代、古墳時代あたりであろうか。詳細な時期は不明だが、貴尊の在世時には日本民族が大和の精神を把持していたことが窺える。

古代日本の話が出たので、序として未知日記の説くところの、日本建国についてもここに紹介したい。未知日記によれば、日本は当時、世界の智者達が地上の各地より参集して、日本の土着の智者達と相談し、人間生活のモデル地区として先天の易理論、すなわち大自然の法則をものに喩えた自然宗教を骨子として建国した国だ、と説明されている。

2 修験道との違いは何か、と疑問に思われた方もおられよう。筆者も詳しくは語り得ないのだが、現時点での私見を記し、ご参考に供することにする。修験道も行者道も、山岳での厳しい修行という点で共通するものの、修験道は開祖役小角の遺風により、あくまで在家の立場を貫くものが多い。しかし、円海大師が入門された行者道は完全に出家の立場であり、破門や自主下山の場合を除き、還俗することはない。この点が、両者の最大の相違点だと思われる。行者道は、俗にいう仙人の修行と解釈してもよいだろうが、中国に「仙道」なるものも存在し、議論が複雑化するため、これ以上の深入りは避けることにする。

3. 教主寛大とテッシン貴尊

教主寛大、テッシン貴尊ともに、他の貴尊のような長い名称の記載はない。この方々はいかなる任務に携わっておられるのだろうか。

未知日記には、人間が完全に成長してついに男女の性別を脱して住する一流界、また神界等についての説明は全くと言って良いほど略されている。これは地球人のごとき成長途上の人種、つまり表面の相対智ばかり使って魂の智慧を充分に使用できない人種にとって、消化不良や誤解を避けるための必要からであろう。小学生に大学生の講義を聴かせるような愚を避けようとしたのだと思われる。したがって、テッシン貴尊の任務についても、他の貴尊のごとくではなく説明が乏しいのだ。二流界の下部にお生まれになり、現在は一流界監督の任にあたっている、とだけである。

また、教主寛大は全宇宙一切の指導の任にあたっておられる存在とのことである。慈音が修行後、拝聴した講義は教主直々の講義であり、また秘伝の修行にあたっても教主から直接指導を受けたらしい。ゆえに彼は何も知らないとは言えない段階にあった。

しかし衛藤氏によると、彼はそれらの体験について、完全に口をつぐんでいたという。それは地上の言葉、表現法では及ばないからである。また無言を貫いたのは、現在の地上のものに喩えて語ることによって、人智のあやまりから将来に禍根を残す結果となることを恐れたからでもあった。

以上、慈音を指導した存在について紹介してきたが、慈音は教主と貴尊方の教えを一人で実証しただけではなく、それらを点筆によって書き留めたのである。その文章化を担当したのが、衛藤氏である。実は衛藤氏も修行の進展に伴い、教主から「慈声」という名を授けられ、さらに貴尊方の講義を聴取することができるようになったという。

さて、慈音と衛藤氏の協力により未知日記の文章が綴られていったのだが、その作業とほぼ同時期に、慈音の発案で「こだま会」という勉強会が発足した。これは慈音の取り次ぐ教えを学ぶ小規模な集会であったのだが、その成立までの流れと、こだま会の活動内容については、次節でお話ししようと思う。

●こだま会の発足とその活動

1．発足は昭和二十二年

敗戦後、アメリカの占領下にあって、日本国民は明日の米麦にも事欠いていた昭和二十一（一九四六）年の秋のこと。慈音は衛藤氏に向かい、とある相談をもちかけた。

「ちょっと相談なのじゃが、人集めをしたいのじゃ。刑務所から昨日出てきたような人々を集めることはできないか。かれこれと社会からのけ者にされているような人々を集めて話をしたい。相談にのってやりたいのじゃ」

慈音の真意を摑みかねた衛藤氏は、次のように答えた。

「ね、先生、そんなむずかしいことはおっしゃらず、私どもの周囲から来てくれる人を集めてはいけませんか」

これに対し慈音は、

「そうだ、易をみようか。そしたら困った人たちが集まってこようからな」

と言うのだったが、衛藤氏は強い口調で、

「先生、そんなのとんでもないことです」

と否定したのであった。その訳は、易の蘊奥《うんのう》をきわめている慈音が易占をやったならば、押すな押すなで人は集まるだろう。しかしそのように安易に人を集めてしまうと、困るのはまさに慈音本人であり、また彼の家人であろうことは明白だったからだ。

こうして、師弟の間にはもたもたとした未決定の言葉が交わされて数日が過ぎたのである。ちなみに衛藤氏はずっと後になって、この人集めの希望を最初に出したのは、実は円海大師であったということが分かったのであるが、この時にはそれを知る由もなかった。

しばらく月日が経ち、結局誰でも気易く集まってくれる人たちに来てもらうことになった。しかし、衛藤氏は誘いの言葉に悩んでいた。彼女自身は慈音に一生ついて修行しようとの決心がついていたのだが、慈音の教え、ひいては貴尊方の教えの全貌はいくらも把握できないでいたからだ。

衛藤氏にとってはっきりしていたことは、普通一般の人は「一寸先は闇」というのに、慈音に限っては闇ではなくいつも明であるということだった。その訳を彼の下で学ぼうというのが、彼女の慈音の側近たる理由だったのだが、それを説明するのは、親しい友であっても容易ではなかった。

何はともあれ、昭和二十二（一九四七）年二月四日、こだま会は発足した。集まった者はわずか四名、慈音を含めて五名であった。この初回の集会の日に、衛藤氏はうっかり別の予定を入れてしまい欠席であったのだが、それほどまでにこの会の意味は理解されていなかったのである。また、会名の「こだま」は、当時の会員の自問自答により命名されたものであるが、これは単なる音の反響を意味するものではない。人が完全なる自問自答をする際、表面の心から魂、そして霊まで問いが到達し[3]、今度は反対に、問いの答えが霊から魂、そして表面の心まで届く。これをこだまに喩えたものなのであろう。

こだま会は週に一度の集会を持った。慈音は「来る者拒まず、去る者追わず」を希望したため、集会者は自然の推移にまかされたのであった。そして集会者は、人間は皆一代限りの存在であるという考えの人ばかりであり、信仰者というわけではなかったのである。

さて、この人集めを希望したのは円海大師だということに先に触れたが、大師の考えはどのようなものだったのだろうか。これについては、ご本人の言葉を拝借しよう。

「貴尊方の教え（未知日記の内容）は智識具備して、実に尤《もつと》もと感ずる人において行う法なれども、現在の如く混濁したる日本人を育成指導なさんと計らば、到底消極的方法に頼みおりては、人心を柔ぐるに時間を要すべし。故に我は憂慮のあまり教主に斯くと告げて許可を受け、一方慈音を促して未信仰者を集めて我は講演して初心者のために計らんことを誓いたり」と。

すなわちこだま会の発足は、円海大師の未信仰者に対する慈悲心から出たものだといえよう。

確かに未知日記本編の内容は難しい。そこで集会においては、慈音の口を借りて大師が平易に講義をなすという形式をとったようである。こう語ると、慈音は神懸りや霊媒だったのかと疑問を抱く方がおられるかもしれない。そこでこの点についての、未知日記の説明を載せておく。もちろん、信をおくか否かはお読みの方の心まかせである。

「かかることを諸子の判断にては唯慈音が錯覚をおこして、あたかも神懸りとか、巫子の如くなりおると想像するならん。これらを学理に依って考え見よ。すなわち円海放送局より発する電波が、何々サイクルの働きをなして、それが慈音の有するセットに通じて放送され居ると同様の関係となり居るにて決して神懸り巫子などの類にあらず」

しかし、このような原理を集会者は知るわけもなく、ただ慈音が自らの言葉で講義していると見て疑わなかったという。それほど円海大師と慈音の霊波による交流は自然に行われたということであろう。唯一衛藤氏だけは、大師の講義中、慈音の脈拍が早くなり、血管が盛り上が

3　未知日記の説くところによれば、人間の精神は心意《こころ》・魂魄《たましい》・霊《れい》の三層構造となっており、人間が普段働かせているのは表面の心意であるが、重要なのはその奥の魂魄・霊の智慧を使えるようになることだという。小智を捨てて、大智を得るということであろう、と筆者は考える。

っているのに気が付いていた。そして慈音は講義後、ひどく疲労を見せたということだ。

2．動揺するこだま会員

会が発足して半年ほどが経過した頃には、こだま会に集まる人々の数は発足当初の何倍かにふくれ上がっていた。中には会費を集めて何らかの団結を図っては、と忠告した者もいたのだが、慈音は聞き流した。金銭にはいろいろの情実が重なり絡まるからイヤだということだった。また衛藤氏に対しても、「これだけのお話をこの位の人数で聞くのはもったいない。宣伝といっては何だけれど、少し人集めの法を考えてみてはいかが？　先生にそうお話ししてみては」と勧めた者もいたのだが、彼女は受け入れなかった。なぜなら、こだま会での講義はご利益を説かず、魂の浄化のみを説くもので、今来ている人達のうち幾人がものになって残るのだろうかと、半信半疑だったからである。はたしてこの会の真意が徹するのはいつの日か。後日衛藤氏は、そのことについて慈音に尋ねてみたのである。慈音の答えはこうであった。

「さあ、いつまで続くかな、誰も来なくなる日が来るかもしれない」と。

にこにこけろりとしている慈音に対し、衛藤氏はさらに問いかけた。

「では、会は今のままでいいでしょうね」

「いいも、わるいもない」

「強いて人を集めることもないでしょう？」

「そういうことになるな」

慈音の返答はいつも無欲にすぎていた。会員の人数に全く頓着しない主をもつこだま会であったが、会員たちの間に波紋が生ずることもあった。その出来事について、衛藤氏は次のように述懐している。

「秋も深まり、小春日のある日、会が終わって同じ方角に帰る者が連れだって、戦火に焼かれてまだ取りかたづけも充分でない屋敷街を歩いていた。その時、A夫人が思いあまった風で切り出した。

『なんだか、伊東先生は私にばかりあてつけて物を云っておっしゃるみたい。この頃イヤになりましたわ』

これを聞いたB夫人が応じて、

『御冗談でしょう。それは私のことですわ。お恥ずかしくて今まで口には出しかねたけれど――全くつらいことがありますわ』

この二人の発言により、今まで控えめだった婦人たちが、それぞれの思いを抱いていることが分かった。そして私はこれらの告白を深い興味をもって聞いていたのである。

慈音はもとより円海大師や貴尊方は、一度だって人を責めるごとき、非難するごとき言辞を口に上《のぼ》せられたことはなかった。また宗教者のような説教じみた話も一切なかったのである。

にもかかわらず、男子の中にすら先の婦人たちと同じ意見の言葉を洩らす人もいたのである。しかも、こうした人心の動揺は会を重ねるにつれて著しくなった。何かひどく心を傷つけられたかのように、激しい反発をみせて姿を消した一、二の婦人に続き、会を遠ざかって来なくなった男子もいたのだ。

私は老師（慈音）に、『先生、一体これはどういうことですか』と訊かずにはいられなかった。しかし老師は、『うむ、うむ』と口ごもるだけで何も説明はしてくれなかった。そこで私も、いずれ分かる日が来ると、肚の中でタカをくくり、強いて問い詰めるようなことはしなかった。

そして内心の動揺にもかかわらず会に残った二十数人の男女は、慈音昇天の後まで、集会することをやめなかったのである」

このような人心の動揺を引き起こしたのは、円海大師が各人の心ではなく、魂に向けて語っていたからだろう、と筆者は考える。つまり、いわゆる心の深奥に言葉が届いたからこそ、会員たちの中には、自らが傷つけられたかのように錯覚したのであろう。そして、そのような心の動揺があってもこだま会に残った人々は、慈音の取り次ぐ講義に、何か深く感じるものがあったのであろう。

3．こだま会員の相談事

こだま会の会員たちは講義を聴くばかりでなく、慈音に質問、そして個人的な相談を持ちかけた。衛藤氏もその取り次ぎ役をよく頼まれたと聞く。慈音は世間的には盲目の老人であったが、真実がよく見える心眼をもっていた。また耳も遠いと思われていたが、よく聞こえる心耳を有していた。彼は会員たちの三世（過去・現在・未来）のことをよく知り、また彼、彼女らの持ってくる相談事を前もって知っていたのである。

しかし、慈音は自分の意見を述べず、いちいち貴尊にお尋ねした上で回答した。この理由について本人は、こう語っていたようだ。

「たとい俺の個人的意見だと言っても、もう俺の周囲はそうとるまいからな。それゆえ少しの誤りがあっても申し訳ないと思って」

とはいえ、慈音が貴尊方から得られた回答をなしても、それを聞く人たちの力不足によって運用に誤りが生ずることは避けられなかった。しかもその責任は慈音へと向かってしまうのである。

例えば慈音が縁談の相談を受けた際、慈音の眼にはダメだと映っていても、それをそのまま伝えてしまうと未練、執着が残るということで「まあ、会ってみることですな」とお茶を濁すのが常であったようだ。そして、案の定その縁談の結果が否であったとき、慈音の配慮を知らぬ会員たちは、「先生がああおっしゃったから……」ということになるのである。絶対界にいる貴尊方と、相対界しか知らぬ会員たちとの板挟みになる慈音の苦しみは大きかったと推察する。

4．慈音の晩年から昇天後

こだま会は昭和二十八（一九五三）年十二月十八日に慈音が昇天するまで二十名程度の会員

を保った。そして、衛藤氏や坂井哲子氏ら有志者の協力により、慈音の晩年から昇天後にかけて、『未知日記』の自費出版の準備が進められた。未知日記全十二巻のうち、最初に世に出たのは第八巻の『三世と四世論』であり、当初はガリ版での刊行であったとのことだ。

慈音昇天後のこだま会は、会員の一人は亡くなり、また一人は海外へ、というように減少の一途をたどり、いつしか有名無実の姿となったという。しかし、その後（一九七一年）の衛藤氏による文章を見ると、こだま会は再び熱心な会員を得て研修につとめている、と書かれている。おそらく、その時期に何らかの盛り上がりがあったものと推測される。

それでは現在の会はどうなっているのかというと、私が知る限りでは、衛藤氏が亡くなって長い年月が経過した今日、こだま会の名の下で、往年の勉強会のような集会は行われていない。しかし、こだま会が跡形もなく消えてしまったわけではなく、慈音の生前に会員であった松尾東平氏のご子息、松尾信平さんが、現在も未知日記の頒布業務を受け継いでおられることをここに付記する。

●未知日記は宗教書ではない

未知日記は宗教の教義ではない。貴尊方も「我等は宗教者にあらず」という言葉をしばしば仰せになっている。根源的な事柄が説かれている関係上、そして説明における便宜上、「神」「仏」という語の登場回数は多い。それらの記述だけを切り取ってみれば、なるほど宗教書のように思えるであろう。読み方は各人の自由であるが、筆者としては、それは大いに未知日記の性質から逸れた解釈だと考える。

貴尊方は「唯我等はありのままを偽らず、卒直に語り居るにすぎず」と記されている。それぞれたどって来られた修行の経路を含め、事実を述べておられる。宗教者との違いについては、「宗教者は、神を知らずして神を語る。我等は神を知りて、神を語る」とまで強くおっしゃるところを見ると、宗教書として読んでほしくない、という貴尊方の思いが伝わってくる。

とはいえ筆者は、読者の皆さまに、「この書こそ真実なのだから信じろ」などと押し付ける気は微塵もない。お読みの方が本書を通じて、未知日記という壮大なスケールの書を知り、また本書に書いてあることを少しでも精神の糧にしていただけたなら、まこと幸せである。

●未知日記の現代における意義

さて、ここまで伊東慈音の生涯と未知日記の概要をお伝えしてまいりましたが、それでは、未知日記の講義は、現代においてどのような意義をもつのでしょうか。

ひと言で申しますと、「唯物論優勢の時代にあって、人間存在についての深い理解を促してくれる講義」だと、私は考えます。まるで未知日記が哲学書であるかのように聞こえるかもしれませんが、貴尊方は理論を構築する学者ではありません。あらゆる世界の様相について実地で、ご自分の眼で見られたものしかお話しになりませんし、ご自身で修行、実証された方法しかご紹介なさることはありません。

つまり、人の道の大先輩たちが語る体験談やそれに基づく講義、というのが未知日記の内容なのです。それらを読んでいると、人のもつ魂の威徳がはっきりと感受されてきます。貴尊方の講義には、無声の「みちびき」の力があるようです。

さて現代は、いえ、さかのぼること百年以上前から、物質文明や現代資本主義の発展に伴い、無神論的傾向、唯物論的傾向が強まっています。これは日本に限ったことではなく、世界的な現象のように見受けられます。斯様なことは数多の人物によって批評されておりますから、この点を深掘りして論じることはいたしません。

しかしながら、唯物論的立場から見た人間というのは味気ない存在であります。極端な表現をすると、ただ「偶然に」生まれ、一定程度の期間、肉体保持のために食って働き、そして死んで無に帰す、ということになります。この理論から考えると、どうせ死んだら無に帰すのだから、生きている間に好き放題やるのがよい、という意見も出ることでしょう。しかし人間が好き放題やった結果どうなるのかは、現在を含め、この一世紀における混乱がよく物語っています。

唯物論は、ある一面の理を捉えたものであるとはいえ、人間は肉体活動だけでなく、多彩な精神活動を行う重層的な存在であります。ですから、世の常識で考えられているより、もっと大きな働きができるものだと、私は確信しております。

編集後記

本書は、未知日記という、長い間日の目を浴びておらず、計り知れぬスケールをもつ書籍を世にご紹介することを眼目として、執筆編集したものです。未知日記の手引書ともいえる本書で掲載した内容は、未知日記のなかで、私たちが日々の生活で活かせるような、実践的内容に焦点を当てました。本書でも、様々な事柄の説明があったかと存じますが、実はこれでも全体の5％にも満たない内容となっています。

紙幅の都合上、掲載を見送った講話は数多くあります。先天の易のこと、人間の精神（魂）構造の詳細、修養に役立つ数多の昔話、地球より進んだ肉体人間界の様相、十干十二支と九星気学の扱い方、四線の法則に基づく運命論、などなど――トピックを数え上げればきりがありません。厖大な内容が、未知日記には含まれています。

また、本書では、文語体の原文を、現代語に訳しておりますゆえ、貴尊方の教えのもつ雰囲気とはかなり異なったものになっております。ですから、本書にご縁を有される皆さまには、ぜひ原本を手に取っていただきたい、と願っております。

原本の入手につきましては、こだま会事務局、松尾信平さんに取り寄せたいとの旨をお伝えくだされば可能であります。こだま会事務局のご連絡先につきましては、私（佐々木）までお問合せくださいませ。この大スケールな書の内容を、よろしければご一緒に、実修してまいりましょう。

ちなみに拙HPでも、わずかながら未知日記の記事をアップしております。またインターネット上には、未知日記の原文を引用、ご紹介なさっている村上雄治さんのブログもございます。これらのURLは、巻末に掲載しておりますので、どうぞご利用くださいませ。

さて、事務的な話は以上としまして、ここからは私（佐々木）が本書を編集するに至った経緯について、少しお話ししたく思います。

個人的な話となり恐縮ですが、私は幼少の頃、病弱の身でして、床にてひとり呻吟する場面が多くありました。その孤独な状況が何度も重なるうちに、生きるとは何であろうか、という根源的な問いが我が内に浮かぶことが多くなりました。当然その頃に明確な考えなど持ち合わせてはいなかったのですが、その後人間の生死というテーマに興味をもつ礎石となったのは間違いないと思っております。

思春期の頃になりますと、その興味が芽をだして成長し、人間の生死、生きるとは何か、という問いにヒントを与えてくれるような書籍を読み漁るようになりました。東西の哲学、心理学、スピリチュアル系、易占、宗教書、等々、ジャンルを横断し乱読を繰り返しておりました。その状態が二十歳の頃まで続き、精神世界という玉石混淆の世界でフラフラとさまよう日々が続いておりました。

このような迷走から脱却できたのは、未知日記との邂逅があったからであります。時期としましては、二〇一九年の六月頃のことでした。ネット上で未知日記紹介ブログ（村上さんのブログ）を発見したことが端緒となったのです。

くだんのブログにて引用がなされていた未知日記原文を、当時貪るように読み進めたことをよく覚えています。その後、村上さんからのご案内を受け、こだま会事務局に問い合わせて原本を入手いたしました。その後の半年間は、未知日記以外の書はほとんど読まず、どこに外出するのにも、未知日記のいずれかの巻を携帯しておりました。また、当時（二〇二〇〜二一年頃）の私は、未知日記を世に広めたい、と強烈に思っておりましたゆえ、未知日記に焦点を当てた、個人HPをも立ち上げたのです。

以上が、簡単ではありますが、私と未知日記のめぐり逢いについての話でございます。ここからは、本書の協同編集者であられます、宮崎貞行先生との出逢いについて、話を進めます。実は、私は以前より宮崎先生のご著書を数冊読んでおりまして、そのうちの一冊、『宇宙の大道へ　驚異の神人川面凡児、霊的覚醒の秘法』（きれい・ねっと社）については、僭越ながらアマゾンにてレビューを書かせていただいたのです。

その際に、勢いづいて、「著者の宮崎さんには、元音楽家で老年に霊的修行を達成した伊東慈音の書、『未知日記（みちびき）』を読んでいただきたい。まだ日の目を見ていない、かなりの大作である。もしこれを読まれていたら是非ご検討下さい。（原文ママ）」と記したのです。今思うと出しゃばったコメントなのですが（汗）、ともあれ当時の私の熱量が窺えます。

その後しばらくは、特に大きな動きはなかったのですが、二〇二一年の六月のある日、村上さんの未知日記紹介ブログを見ていますと、宮崎先生ご本人が、未知日記に興味があるという旨のコメントを残されているのを発見しました。私はまたもやじっとしていられず、宮崎先生のメールアドレスに、未知日記を持っている者なのですが、とご連絡申し上げたのが、先生との最初のコンタクトでした。

突然の、しかも件のブログ主でもない私のメールに、宮崎先生は丁寧にご対応くださいました。本当にありがたいことであります。その後、少々の紆余曲折を経たのちに、二人での共編という形で本を出してみないか、というお誘いを先生からいただきまして、本書の執筆編集がスタートしたのです。

執筆の過程では、すべてにおいて未熟な私の編集に対して、先生からは毎回建設的なご助言をいただきました。それらを反映することで初めて、本書は完成に至ったのです。宮崎先生には、この場をお借りして、心より感謝を申し上げます。

このように振り返ってみますと、何らかの「みちびき」があって本書ができたという思いが強くなってまいります。何しろ数年前の私は、本を執筆するなど、夢想だにしなかったのですから。このあとがきを書いている現在でも、自分が執筆していることに不思議な感覚を覚えます。ですから、本書をお読みになっている皆さまとも、その「みちびき」によってご縁がつながったのだと私は信じております。ここまでお読みくださいました皆さまに、心から御礼を申し上げますとともに、皆さまのこれからの自在なるご活躍を祈念いたします。

それでは最後に、未知日記別巻より、円海大師の言葉の中で、私のお気に入りのものを引用いたしまして、本書のあとがきの締めに代えたいと思います。

○円海大師、こだま会にて語る（未知日記別巻より、原文ママ）

「いつも心を明るくして、明るい方へ明るい方へとして行く。之が修養。

ものをたくさん覚えるは修行にあらず。（中略）

明るい方へ向かうは人間性。暗い方へ向かうは動物性。

すべては天にまかせてにこにこすること。天にまかせないからすべては自分の肩に重荷がかかって苦しくなる。之を捨てて明るく暮せ。

何と考へても汽車に乗ったら汽車まかせにするより仕方がない。汽車の中で走る様な苦労をするな。

世の中の事は何も心配も苦労もない」


――終――

参考資料

『覚者慈音』、衛藤欣著、こだま会
『こだま会講演日記（未知日記別巻）』、坂本通博筆記、こだま会
『時事年鑑（昭和九年版）』、時事通信社、488ページ
『総選挙衆議院議員略歴（昭和十五年版）』、衆議院事務局、31ページ
『未知日記（全十二巻）』、伊東慈音著、こだま会
國學院大學「神名データベース」、項目「井氷鹿」
URL: http://kojiki.kokugakuin.ac.jp/shinmei/ihika/
佐々木のＨＰ「にこ庵」（佐々木のメールアドレスはこちらに掲載しています）
URL: https://www.michibikijion.com/
奈良県吉野郡川上村公式ＨＰ、「水源地の村づくり」
URL: https://www.vill.kawakami.nara.jp/source/
村上雄治さんのブログ「覚者慈音　伊東慈音著　行ずるものの心得」
URL: https://yuyuqkws.muragon.com/

佐々木弘明　ささき ひろあき

東京大学経済学部卒。2019年６月頃に「未知日記」と出逢って以来、この書の個人研究を続けている。個人サイト「にこ庵」を運営。「未知日記」の研究仲間募集中。

「にこ庵」

宮﨑貞行　みやざき さだゆき

東京大学、米コーネル経営大学院卒。官庁と大学に奉職した後、日本文化の特質を研究し、未来を拓く日本人の気概と気品の源泉を発掘し、発信を続けている。近著に、『小泉太志命 祓い太刀の世界』『「笹目秀和」と二人の神仙』『松下松蔵と「宇宙の大気」』『世界一の超能力者 ベラ・コチェフスカの大予言』（共にヒカルランド）、『天皇の国師』『寄りそう皇后美智子さま』『宇宙の大道へ』（共にきれい・ねっと）、『君もこの世に生まれ変わってきた』『縄文のコトタマが地球を救う』（共に明窓出版）など。

霊耳がとらえた高級霊界のみちびき
【未知日記 MICHIBIKI】慈音師
我等は神を知りて神を語る

第一刷　2024年2月29日

編著　佐々木弘明
　　　宮﨑貞行

発行人　石井健資
発行所　株式会社ヒカルランド
〒162-0821　東京都新宿区津久戸町3-11　TH1ビル6F
電話　03-6265-0852　ファックス　03-6265-0853
http://www.hikaruland.co.jp　info@hikaruland.co.jp
振替　00180-8-496587

本文・カバー・製本　中央精版印刷株式会社
DTP　株式会社キャップス
編集担当　高島敏子

ISBN978-4-86742-347-9

ヒカルランド　好評既刊！

地上の星☆ヒカルランド　銀河より届く愛と叡智の宅配便

ホツマ・カタカムナ・先代旧事本紀
古史古伝で解く「太古日本の聖なる科学」
著者：エイヴリ・モロー
訳者：宮﨑貞行
四六ハード　本体 2,500円+税

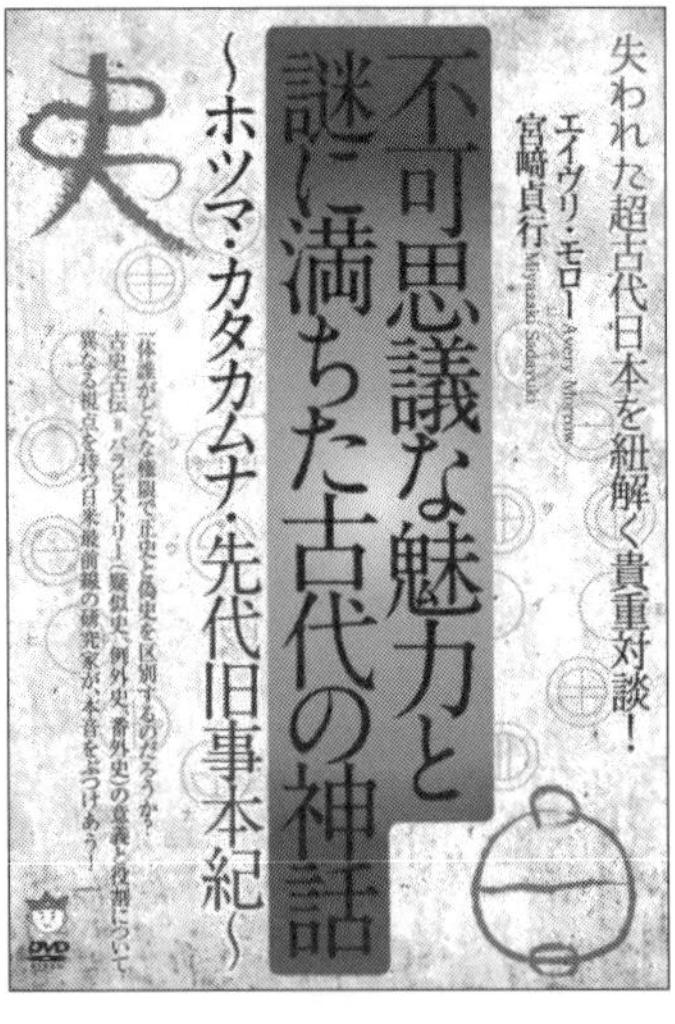

不可思議な魅力と謎に満ちた古代の神話
出演講師：エイヴリ・モロー／宮﨑貞行
（2019年４月29日ヒカルランドパーク講演会収録）
DVD　本体 3,300円+税